SANTOS DE
AMÉRICA LATINA

SANTOS DE AMÉRICA LATINA

LOS FRUTOS DEL EVANGELIO EN AMÉRICA LATINA

Juan Antonio López Camarena

One Liguori Drive ▼ Liguori, MO 63057-9999

Imprimi Potest:
Harry Grile, CSsR
Provincial de la Provincia de Denver
Los Redentoristas

Publicado por Libros Liguori
Liguori, MO 63057-9999
Para hacer pedidos llame al 800-325-9521.
www.librosliguori.org

Copyright © 2014 Juan Antonio López Camarena

Derechos reservados. Ninguna parte de esta publicación se puede reproducir, almacenar en ningún sistema ni transmitir por ningún medio –electrónico, mecánico, fotocopia, grabación ni ningún otro –sin el permiso previo por escrito de Libros Liguori.

Santos de América Latina: los frutos del evangelio en América Latina. — Primera edición.
    pages cm
 1. Christian saints–Latin America–Biography.
  BX4659.L3S26 2013
  282.092'28–dc23
  [B]
                           2013046974

p ISBN 978-0-7648-2455-5
e ISBN 978-0-7648-6903-7

Las citas bíblicas son de La Biblia de Jerusalén versión latinoamericana ©2007, Editorial Desclée de Brower. Usada con permiso.

Las imágenes fueron tomadas del sitio institucional www.vatican.va y son propiedad de la Oficina de la Celebraciones Litúrgicas del Sumo Pontífice

Traducción al español del Catecismo de la Iglesia Católica: Modificaciones basadas en la Editio Typica, © 1977, United States Catholic Conference, Inc.—Libreria Editrice Vaticana. Usada con permiso.

Libros Liguori, una corporación sin fines de lucro, es un apostolado de los Padres y Hermanos Redentoristas. Para más información, visite Redemptorists.com.

Impreso en Estados Unidos de América
18 17 16 15 14 / 5 4 3 2 1
Primera edición

ÍNDICE

INTRODUCCIÓN 1

BEATOS ANACLETO GONZÁLEZ FLORES,
JORGE Y RAMÓN VARGAS GONZÁLEZ Y
LUIS PADILLA GÓMEZ (†1927) 3

BEATO JOSÉ SÁNCHEZ DEL RÍO (1913-1928) 13

SAN RAFAEL GUÍZAR Y VALENCIA (1878-1938) 23

BEATA MARÍA DEL TRÁNSITO CABANILLAS (1821-1885) ... 33

BEATA MARÍA ROMERO MENESES (1902-1977) 41

BEATO JUNÍPERO SERRA (1713-1784) 49

SANTA NARCISA DE JESÚS
MARTILLO MORÁN (1832-1869) 59

SAN ALBERTO HURTADO CRUCHAGA (1901-1952) 67

BEATA LAURA DEL CARMEN VICUÑA (1891-1904) 77

BIBLIOGRAFÍA 87

NOTAS 89

INTRODUCCIÓN

"No hay más que una tristeza −escribió León Bloy− la de no ser santos".

¿Queda algún espacio para la santidad en el mundo? ¿Y en la sociedad, la familia, la política, la ciencia, el arte, la cultura, el deporte? "El camino que conduce a la santidad es difícil y no lo es menos el que lleva a su reconocimiento oficial"[1]. Los santos son −en palabras de Benedicto XVI− "hombres y mujeres que con su fe, con su caridad han sido faros para muchas generaciones, y lo son también para nosotros"[2].

En nuestros tiempos la fe en Dios se ha sustituido por la fe en el hombre por lo que hemos convertido el mundo en un infierno de injusticias y sufrimientos; los santos, en cambio, han creído en Dios y han transformado en cielo nuestra sociedad con múltiples obras de beneficio humanitario que han nacido sin necesidad de organigramas, computadoras y oficinas, sino solo de la experiencia evangélica de hacer el bien sin más.

Santos de América Latina contiene nueve breves biografías de hombres y mujeres que han iluminado la historia y la sociedad de su época (y su ejemplo puede iluminar la nuestra), reconocidos por la iglesia durante los pontificados de Juan Pablo II y Benedicto XVI.

Desde que Carlos Marx (1818-1883) proclamara su mundo sin Dios, se ha excluido la presencia de Dios en la sociedad, la familia y la vida diaria. Los santos renuevan el misterio de la presencia de Dios en el mundo pues son la viva manifestación del rostro de Cristo[3]. Ya está bien −como dijo Eduardo T. Gil de Muro en una de sus sabrosas narraciones− que a los héroes (y también a los antihéroes) se les ensalce bastante más que a quienes han dado el pellejo por Cristo.

"El mundo puede caminar sin ideas —dijo san Luis Guanella— pero no puede vivir sin bondad". Santos de Latinoamérica nos acerca a hombres y a mujeres que vivieron la fe en Cristo hasta el heroísmo, comprometidos con la sociedad especialmente con los desamparados y que nos son propuestos como modelos para que nosotros hagamos el bien sin más.

BEATOS ANACLETO GONZÁLEZ FLORES, JORGE Y RAMÓN VARGAS GONZÁLEZ Y LUIS PADILLA GÓMEZ
(†1927)
"Laicos de la Acción Católica Mexicana"

La Constitución Mexicana de 1917 provocó la persecución gubernamental contra la Iglesia, con el descontento de la población mayoritariamente católica. Los presidentes Álvaro Obregón y Plutarco Elías Calles se distinguieron por las arbitrariedades cometidas contra la Iglesia Católica. Por ello, obispos, sacerdotes y laicos vieron violentados sus derechos de libertad religiosa y pisoteadas sus convicciones cristianas. Anacleto González Flores fue uno de los muchos seglares que defendieron la Iglesia, la fe y la libertad religiosa como "abanderado de la lucha pacífica, artífice incansable de la unión y organización de los católicos, defensor de la libertad religiosa y activo difusor de la Doctrina Social de la Iglesia" (Juan Carlos González Orozco).

Nació el 13 de julio de 1888 en las coloradas tierras de Tepatitlán, estado de Jalisco (México). Ayudó a su padre en el taller de rebozos que daba apenas lo suficiente para atender las necesidades básicas de la numerosa y pobre familia. También tocaba algunos instrumentos musicales en la banda municipal del pueblo para obtener un pequeño ingreso extra. Era de carácter alegre y fuerte, con cualidades de liderazgo, y facilidad de memoria y palabra. A sus dieciséis años quedó impactado con unos ejercicios espirituales populares que le acercaron a los apostolados de su parroquia, especialmente a la Catequesis infantil.

Viendo sus cualidades, fue becado por el párroco de Tepatitlán en el seminario de San Juan de los Lagos, que daba educación superior a seminaristas y alumnos externos. Anacleto descubrió que el sacerdocio no era su vocación y decidió estudiar leyes "para luchar por la Iglesia y por la Patria". "Fue en septiembre de 1913 cuando, a iniciativa suya, un grupo de estudiantes llegados a Guadalajara se propusieron rentar una humilde casa, por el barrio del Santuario, para vivir en comunidad. Una digna matrona de nombre Gerónima Sonora

España, se ofreció para atenderlos, preparándoles de comer y lavándoles la ropa. Sus huéspedes la llamaban 'Doña Giro', de donde derivó 'Gironda' para su casa y 'girondinos' para sus asistidos"[4].

A los veinticinco años de edad, se inscribió en la Escuela Libre de Derecho en medio de penurias económicas aliviadas gracias a modestos empleos. Se adhirió al Partido Católico Nacional, al Demócrata y a la recién fundada Acción Católica Juvenil Mexicana ACJM en la que, bajo el lema de "Por Dios y por la Patria", desplegó un amplio apostolado social de acuerdo con las enseñanzas de la encíclica *Rerum Novarum*. "En poco tiempo las actividades de la Acción Católica llegaron a grupos cada vez más numerosos abriendo nuevos cauces de apostolado y animando a la expansión de los valores juveniles más nobles"[5]. Anacleto impartía conferencias y círculos de estudio, y escribía en periódicos y semanarios. Con mucho trabajo, pidiendo de puerta en puerta, se hizo de una vieja imprenta para imprimir el periódico *La Palabra*, que distribuía fuera de las iglesias después de las Misas. Fue orador fecundo con la barroca retórica de la época. Hablaba con firmeza y claridad de ideas, moviendo corazones y considerándose a sí mismo como "forjador de voluntades".

En 1918 iniciaron los enfrentamientos entre el gobierno del estado de Jalisco y los católicos al ser expulsado del país el arzobispo. Cuando las autoridades civiles pretendieron limitar el número de sacerdotes y reglamentar el culto en las iglesias, los miembros de la Acción Católica, guiados por Anacleto, organizaron un movimiento de resistencia pacífica mediante un boicot de austeridad y manifestaciones ante las autoridades civiles y militares; este movimiento hizo que despertara las conciencia católica y se derogara la aplicación de aquellas leyes vejatorias.

A los treinta y cuatro años se graduó en leyes y contrajo matrimonio con María Concepción Guerrero. No fue un matrimonio muy feliz, por falta de comprensión por parte de María Concepción de su compromiso social cristiano. En Guadalajara puso un modesto despacho jurídico en los portales de la calle de San Francisco, a donde los pobres acudían a solicitar sus servicios de abogado. Se privó de ejercer la profesión para su provecho, limitándose a cubrir sus necesidades elementales y dedicándose al apostolado católico-social; usaba trajes y zapatos gastados, y nunca aceptó los empleos que le ofrecieron en las estructuras gubernamentales ni en la prensa pública para no comprometer el ideario católico de sus artículos.

Para defender al clero de las agresiones del gobierno federal y estatal, organizó un comité de defensa, germen de lo que sería más tarde la *Unión Popular*. Esta organización se creó a principios de 1925 y tenía al periódico *Gladium* como órgano de difusión. Este último en pocos meses alcanzó la tirada de cien mil ejemplares. La Unión Popular era un movimiento católico que reunía obreros, campesinos y mujeres para defender la fe y reconstruir la conciencia cristiana de la patria bajo el lema "¡Viva Cristo Rey!". Se oponía a los excesos de los gobernantes en las medidas de supresión de las libertades religiosas. Estaba organizado mediante la presencia de jefes de manzana, sin reglamentos ni protocolos. Los jóvenes de la ACJM emplearon las vacaciones de ese año para sembrar por todos lados la Unión Popular. Anacleto se dio a la tarea de unificar todas las organizaciones católicas –cofradías, sindicatos, cooperativas y asociaciones laicas– bajo la bandera pacifista de la Unión Popular a la que se incorporaron las ciudades de Zacatecas, Colima, Tepic y Aguascalientes. Paralelamente en la ciudad de México se fundó la Liga Nacional para la Defensa de la Libertad Religiosa, con la cual Anacleto difería por no estar de acuerdo con el recurso a las armas.

Se conservan de él algunas frases que muestran la intensidad de su vida espiritual. A la pregunta de qué es lo que más le gustaba, contestó: "Comulgar. El día que no comulgo no soy yo, me falta la vida y el equilibrio"; en otra ocasión comentó: "¿Te das cuenta de lo esencial y delicioso que es amar a Dios con toda el alma?"; también repetía con frecuencia: "Hay jóvenes, lo que falta es juventud" y aseguraba que "se puede ganar sin balas cualquier batalla". Su fe estaba fundamentada en el estudio, la Eucaristía, la Iglesia, el amor a la Virgen de Guadalupe y al Papa.

Al intensificarse la persecución contra la Iglesia Católica durante el gobierno de los presidentes Álvaro Obregón y Plutarco Elías Calles, Anacleto –como líder católico indiscutible– aplicó la estrategia de resistencia pacífica a nivel nacional y el 31 de julio de 1926 los obispos suspendieron el culto católico público en los templos de la República Mexicana. En esas circunstancias llegó el momento en el que a la Unión Popular –de la que Anacleto era el organizador en jefe– ya no le quedaba otra opción que unirse a la Liga o quedar excluida de ella y no ser tomada en cuenta en el levantamiento armado para la defensa de la fe. Una vez que el Episcopado Mexicano no se opuso a la defensa de la Iglesia Católica con el recurso a las armas, Anacleto decidió que la Unión Popular participara en la Liga –y en la opción armada– sin tomar parte directamente en el conflicto bélico. Solo colaboró proporcionando alimentos, ropa y municiones, además de ofrecer asistencia logística transmitiendo disposiciones y mensajes diversos. En la práctica, siendo tan frágil la frontera entre participación y colaboración, muchos miembros de la Unión Popular, de la Acción Católica y de otras agrupaciones eclesiales, incluidos sacerdotes, fueron arrastrados por la violencia de las armas y Anacleto aceptó la jefatura civil de la resistencia católica y el cargo de delegado regional del movimiento cristero.

Oculto desde octubre de 1926, se encontraba en Guadalajara en casa de la familia Vargas González que "lo recibió en su hogar acogiéndolo como un miembro más de la familia. Era una casa muy grande y tenía comunicación por dentro con una farmacia que estaba en la esquina, por lo que se le facilitaba recibir en calidad de clientes a los de la *Unión Popular* que iban a entrevistarse con él sin que se levantaran demasiadas sospechas por el entrar y salir de gente"[6]. La familia Vargas González compartía los ideales cristianos de Anacleto y algunos de sus miembros participaban en la lucha armada. Antes de ser arrestado, Anacleto pasó un rato con su esposa y sus dos hijas quienes acudieron a visitarlo. Junto con Anacleto fueron arrestados los hermanos Jorge y Ramón Vargas González, miembros activos de la Acción Católica. "Tras cuidadosas investigaciones la policía logró obtener datos precisos acerca del lugar donde se encontraba Anacleto González Flores y en la madrugada del 1º de abril de 1927 fue cateado el hogar de la familia Vargas González. Todos los moradores fueron aprehendidos por hospedar a un católico perseguido. Además, simultáneamente fue capturado en su hogar mientras dormía Luis Padilla Gómez, presidente diocesano de la ACJM y secretario de la *Unión Popular*"[7]. No era la primera vez que arrestaban a Anacleto, pero esta sí fue la definitiva: la orden del gobierno de la República era someter a los católicos a cualquier precio.

Encarcelados en el Cuartel Colorado, Anacleto y sus compañeros fueron sometidos a diversas torturas para obtener información sobre el movimiento cristero –del que pensaban que él era jefe– y el paradero del obispo Francisco Orozco y Jiménez. Simulándose un consejo de guerra, se les condenó a muerte. Anacleto presenció el fusilamiento de sus compañeros infundiéndoles valor en todo momento y luego cayó él mientras repetía: Yo muero, Dios no muere. ¡Viva Cristo Rey! Un comunicado oficial a la prensa decía: "…fueron pasados por las armas (…) el licenciado don Anacleto González Flores y los jóvenes Jorge y Ramón Vargas González y Luis Padilla, después de un consejo de guerra y tras de habérseles comprobado que se encontraban en connivencia con los rebeldes que operan en la región de Los Altos". En la tumba de Anacleto se lee este epitafio escrito en latín: "Enseñó con la palabra, la vida y la sangre". Actualmente sus restos descansan en el Santuario de la Virgen de Guadalupe en Guadalajara, Jalisco.

La comisión de historia para su causa de beatificación aportó el siguiente dictamen sobre su vida y su obra: "En la tercera década del siglo XX la vocación intelectual de Anacleto González Flores, a fuerza de hacer acopio, produce síntesis. Es aquí y allá un reguero de iniciativas, sus pupilos y amigos lo admiran, lo respetan y lo obedecen. Ávido lector, el S. de D., cuenta entre sus autores a Shakespeare, Rolland, Ibsen, Nietzsche, Rodó y muchos más (alguien dirá que González Flores pudo colocar la planta de Cristo en la huella de Zaratustra). Con este acervo pudo elaborar una muy particular visión del cosmos, la llamada *filosofía de la resistencia*, cuya novedad consiste en ofrecer los postulados de una contrarrevolución que no sea 'una revolución al contrario sino lo contrario de una revolución'"[8].

Luis Padilla Gómez, de veintisiete años de edad, era presidente y miembro fundador de la ACJM y secretario del Partido Unión Popular de Jalisco.

Los hermanos Jorge y Ramón Vargas González eran originarios de Ahualulco de Mercado, Jalisco. Jorge tenía veintisiete años de edad y Ramón veintidós. La familia Vargas residía en Guadalajara y Jorge trabajaba en la Compañía Hidroeléctrica, mientras Ramón era estudiante de medicina. A las primeras horas del 1º de abril de 1927 fueron arrestados en su casa, donde se refugiaba como dijimos antes Anacleto González. Aquella casa era refugio de sacerdotes, seminaristas y laicos católicos. Jorge y Ramón pertenecían a la ACJM y eran miembros de la Liga Nacional Defensora de la Libertad Religiosa en colaboración con Anacleto y con quien conquistaron la corona del martirio.

Anacleto González Flores, Jorge y Ramón Vargas González y Luis Padilla Gómez fueron beatificados el 20 de noviembre del 2005 en la festividad de Cristo Rey, en Guadalajara. "Sin duda que llegar cuatro amigos juntos a ese momento supremo fue una gracia especial que los sostuvo en la prueba, pero la disposición de los siervos de Dios ante el martirio cruento se fue preparando en lo cotidiano de la vida con la práctica de las virtudes"[9]. Los demás mártires de la Asociación Católica igualmente beatificados fueron los laicos Miguel Gómez Loza, Luis Magaña Servín y los hermanos Ezequiel y Salvador Huerta González.

ORACIÓN A LOS BEATOS ANACLETO GONZÁLEZ FLORES Y COMPAÑEROS MÁRTIRES

Dios todopoderoso y eterno,
que otorgaste a los beatos laicos
Anacleto González Flores y compañeros
la gracia de luchar por tu Reino hasta el martirio,
concédenos, por su intercesión,
ser dóciles para creer
y valerosos para vivir lo que creemos.
Por Cristo, nuestro Señor. Amén.

(CONF. EPISCOPAL MEXICANA; Misal Romano, Ed. Buena Prensa, 15ª Ed., 2006, p. 1005)

BEATO JOSÉ SÁNCHEZ DEL RÍO
(1913-1928)
"Muero contento en la raya al lado de nuestro Dios"

"Se trata de un caso conmovedor, verdaderamente singular entre los mártires que regaló la Cristiada a México y a la Iglesia"[10]. Casi a sus quince años, José dio la vida por Cristo. Nació en Sahuayo (México), el 28 de mayo de 1913, en la casa número 136 de la actual calle Tepeyac; hijo de Macario Sánchez, acaudalado ganadero de la región, y María del Río quienes, con sus seis hijos, eran una familia acomodada de la región. Fue bautizado en la iglesia de su pueblo natal donde sería hecho prisionero antes de su cruel martirio.

Sahuayo, con su población criolla de origen ibérico, era un pueblo trazado regularmente alrededor de la plaza, con calles empedradas y casas de teja con alguna que otra construcción de estilo porfiriano. La parroquia, con su popular imagen del *Santo Patrón Santiago*, había perdido su singular torre en el terremoto de 1910. Había otros dos templos alrededor de los cuales giraba la vida del pueblo: los santuarios de Guadalupe y del Sagrado Corazón. La cercanía geográfica de Sahuayo con el Lago de Chapala le proporcionaba múltiples beneficios ya que, en época porfiriana, se redujo el agua ganando tierras para el cultivo. Tenía diez mil habitantes, en su mayoría campesinos, ganaderos, comerciantes y artesanos de profunda raigambre católica. En ese tiempo existió en México un resurgimiento católico con buena incidencia social, pues en las últimas décadas la Iglesia había efectuado una segunda evangelización desarrollando movimientos de acción cívica y social de acuerdo con las enseñanzas de la encíclica *Rerum Novarum*.

José era un niño de carácter agradable, inquieto y travieso; pero amable y sencillo, obediente y cariñoso con sus padres; vivaracho, inteligente y activo. Le gustaba ir a la parroquia del pueblo y cada día 21 del mes acudía con sus amigos al templo del Sagrado Corazón a celebrar a san Luis Gonzaga y recibir la Sagrada Comunión. Jugaba con todos los niños, pobres o ricos, sin distinción, cosa común en los pueblos de entonces. Su infancia transcurrió durante los años borrascosos de la Revolución Mexicana, con un país convulsionado por la inseguridad y el bandidaje cuyos vaivenes de violencia también llegaron a Sahuayo: baste recordar los atropellos del indio José Inés García Chávez quien aterrorizó la región con extorsiones, robos, violaciones y asesinatos. La familia Sánchez del Río, como otras muchas, emigró a Guadalajara en espera de mejores tiempos, que nunca llegaron porque fueron preludio de la Guerra Cristera.

Sahuayo, como verdadero pionero, entró al conflicto cristero el 4 de agosto de 1926, a causa de la suspensión del culto y de la oposición del pueblo a entregar el templo parroquial a las autoridades federales. Esto dio lugar a un sangriento enfrentamiento entre civiles católicos y soldados. Algunas de las principales familias del pueblo se refugiaron en Guadalajara y La Barca, estado de Jalisco, y los que tomaron las armas huyeron a las montañas. Fidel González Fernández, en su obra *Sangre y corazón de un Pueblo*, opina que "En Sahuayo la Cristiada fue una guerra popular. En todas las familias había uno con las armas en las manos o era correo y repartidor de los escritos cristeros, el propósito era prestar toda la ayuda posible a la causa y lo hacían con alegría. Los sacerdotes ocultamente daban los auxilios espirituales a los fieles. Andaban escondidos de casa en casa con el peligro de ser fusilados, pero estuvieron siempre con la grey"[11].

José deseaba alistarse en el ejército cristero como sus hermanos Macario y Miguel; pero, por su poca edad, sus padres no le autorizaron aventurarse por las montañas. Le dijeron que hasta que cumpliera los diecisiete o dieciocho años. Entonces sus padres lo llevaron en peregrinación a Guadalajara para visitar la tumba del mártir Anacleto González para pedir la gracia de su curación —sufría de convulsiones—, pero José rezó sobre todo para seguir el ejemplo del mártir. No hubo manera de hacerlo desistir de su propósito, para lo cual se entrevistó –sin ningún resultado– con el Gral. Ignacio Sánchez Ramírez, en cuyas tropas, que actuaban cerca de Sahuayo, militaban sus hermanos mayores; también escribió –sin recibir respuesta– al general Prudencio Mendoza cuyas tropas operaban cerca de Cotija y, sin desanimarse, buscando por otros medios, finalmente logró ser admitido, no como soldado, sino como recadero y cuidador de caballos. Solo así sus papás accedieron a sus insistentes ruegos de acompañar a sus hermanos. José solicitó la bendición de sus padres diciendo que nunca como en ese momento era tan fácil ganarse el cielo y que deseaba defender a Cristo Rey.

Llegó a estar a las órdenes del jefe cristero Gral. Prudencio Mendoza, quien lo admitió en su campamento como mochilero, para que se convenciera de que sus servicios no eran de mucho provecho para la causa, pero "su vida de gracia santificante, de piedad y caridad, logró conseguir el aprecio [de la tropa] y hasta le pusieron el mote de 'Tarsicio'. Su ocupación fue atender la caballada, aceitar los fusiles, ayudar a preparar los alimentos y toda clase de servicios, y con una alegría que daba gusto el convivir con él. Les robó el corazón. Aceptaron que se quedara al servicio de la causa"[12]. A partir de su unión a los cristeros quiso que lo llamaran José Luis para proteger a su familia. Cada día, al oscurecer, dirigía el Rosario a la tropa y la exhortaba a defender la fe diciendo que era fácil ganar el cielo. Cantaba: "Al cielo, al cielo, al cielo quiero ir…". Pasó unos veinte días en el campamento y, tal vez, participó en algún enfrentamiento en calidad de clarín.

El 6 de febrero de 1928 se libró una batalla al sur de Cotija, Michoacán. Cabalgaba como abanderado de la tropa bajo las órdenes del general Rubén Guízar Morfín, cuya montura fue dañada rodando por tierra general y caballo. José le ofreció inmediatamente su cabalgadura, "tome usted mi caballo y sálvese" –le dijo–, por lo que el general pudo escapar, pero él fue capturado junto con un compañero llamado Lorenzo. Fueron presentados al general Anacleto Guerrero, jefe de los federales de Cotija y quien los reprendió en tono amenazador. Entonces se desarrolló este diálogo:

– "Me han apresado porque se me acabó el parque, pero no me he rendido", dijo José.

– "Eres un valiente muchacho", prosiguió el general. "Vente con nosotros y te irá mejor que con esos cristeros".

– Entonces José respondió resueltamente: "¡Primero muerto! ¡Yo soy su enemigo! ¡Fusíleme!".

El general lo mandó encerrar mientras tomaba una decisión, pues se trataba de un adolescente. Desde su encierro de Cotija, José escribió a su mamá esta carta:

Mi querida mamá: Fui hecho prisionero en combate en este día. Creo que en los momentos actuales voy a morir, pero no me importa, mamá. Resígnate a la voluntad de Dios; yo muero contento porque muero en la raya al lado de nuestro Dios. No te apures por mi muerte, que es lo que me mortifica; antes diles a mis otros hermanos que sigan el ejemplo que su hermano más chico les dejó; y tú haz la voluntad de Dios; ten valor y mándame la bendición juntamente con la de mi padre. Salúdame a todos por última vez y tú recibe por último el corazón de tu hijo que tanto te quiere y verte antes de morir deseaba. José Sánchez del Río.

De Cotija fue trasladado a su natal Sahuayo con la esperanza de su liberación. Allí una antigua amistad de la familia Sánchez del Río, el diputado federal y cacique de la región Rafael Picazo, lo mandó encerrar en el templo parroquial pensando, tal vez, en liberarlo pues José era su ahijado. José rechazó las propuestas de su padrino –ser enviado al extranjero o estudiar en la Academia Militar– porque le parecía traicionar a Dios y afirmaba que si recuperaba la libertad regresaría a la causa cristera. La familia Picazo y la familia Sánchez del Río eran vecinos con relaciones de compadrazgos, por lo que el diputado federal no podía tolerar el hecho de que los tres hijos de sus compadres se hubieran unido a los enemigos del Supremo Gobierno que él representaba en la región. Don Macario y su esposa, la tía María y otras personas importantes se presentaron para ver a José y pedir su liberación. Solo les permitieron dejar alimentos. Finalmente Picazo pensó en el rescate: ¡cinco mil pesos de oro! José, por su parte, envió un mensaje a su papá para pedirle que no pagara el rescate: "ni un centavo", escribió.

En una noche de prisión, aprovechando una cierta libertad de movimientos dentro del templo, José decidió acabar con unos gallos de pelea que estaban amarrados sobre el altar. No podía soportar la irreverencia de que el altar fuera profanado de esa forma, donde tantas veces había visto descender a Dios en el sacramento de la Eucaristía. Retirados los gallos, limpió el altar con su camisa húmeda. También cegó a un caballo que ocupaba parte del recinto sacro. Ambos, gallos y caballo, eran propiedad de Picazo. A la ira de Picazo por la muerte de los animales, José contestó que la casa de Dios no era una gallera por lo cual recibió, de parte de un subalterno de Picazo que pensaba congratularse con su jefe, un golpe en la cara que le hizo perder algunos dientes.

Picazo deseaba con toda el alma verlo renegar de su fe y de la causa cristera. Quería amedrentarlo para que revelara quiénes eran las personas que apoyaban a los rebeldes con vituallas y municiones y, para lograr su objetivo, no dudó en mandar ahorcar a Lorenzo en presencia de José quien, desconsolado, gritaba que lo ahorcaran también a él[13]. Desde ese momento el ya cegado Picazo prometió que mataría a José: era cuestión de orgullo propio y de odio, y viejos resentimientos hacia la Iglesia Católica. "Por la pequeña ventana que daba a la calle [José] se asomaba de vez en cuando para ver pasar a la gente. Algunas personas lo reconocían y a veces platicaban con él.

Ellos aseguran que estaba tranquilo y pasaba el tiempo rezando el Rosario y cantando alabanzas a Dios"[14]. Esa ventana del bautisterio todavía existe y da al atrio a poca distancia de la calle y es muy probable que en ese tiempo, no como en la actualidad, la verja no rodeara el atrio.

El 10 de febrero fue trasladado al Mesón del Refugio, situado en la calle Santiago, paralela frente al templo parroquial y donde ahora existe un comercio. Desde ahí escribió la siguiente carta a su tía María Sánchez Olmedo:

> Querida tía: estoy sentenciado a muerte. A las ocho y media llegará el momento que tanto he deseado. Te doy las gracias por todos los favores que me hiciste tú y Magdalena. No me encuentro capaz de escribirle a mi madre, tú me haces el favor de escribirle también a María. Dile a Magdalena que conseguí que me permitieran verla por última vez y creo que no se negará a venir. Salúdame a todos y tú recibe, como siempre y por último, el corazón de tu sobrino que mucho te quiere y desea verte. Cristo vive, Cristo reina, Cristo impera. ¡Viva Cristo Rey y Santa María de Guadalupe! José Sánchez del Río que murió en defensa de su fe. No dejen de venir. Adiós.

La carta estaba escrita en clave para pedir la Comunión. Esa noche Magdalena le llevó la Sagrada Comunión y se la administró —acto que en ese momento era delito punible—; también le llevó algo para cenar.

Cerca de las once de la noche, estando el pueblo en toque de queda, le quitaron la piel de la planta de los pies con un cuchillo y lo obligaron a caminar al panteón. Caminaba dejando ensangrentadas huellas y aclamando a Cristo Rey y a la Virgen de Guadalupe, lo cual molestaba a la escolta de soldados que lo picaban con armas blancas para que se callara y no faltaron ofertas de libertad —pensando en complacer a Picazo— a cambio de que se retractara.

Ya en el panteón, "querían matarlo a puñaladas para que no se diera cuenta la gente y no escucharan los ruidos de los balazos. Al ver que no se moría, el jefe del pelotón le dio un balazo en la cabeza"[15], no sin antes preguntar con cierto cinismo si quería enviar un mensaje a su padre a lo que José respondió –y fueron sus últimas palabras–: "¡Que nos veremos en el cielo! ¡Viva Cristo Rey! ¡Viva Santa María de Guadalupe!". Murió derramando su sangre por Cristo, por defender su fe. Prefirió morir antes que traicionar a su mejor Amigo, a Jesucristo. Por deseo de Benedicto XVI, el 20 de noviembre de 2005, en Guadalajara, la Iglesia lo elevó a la gloria de los altares en una solemne ceremonia. Actualmente sus restos se veneran en Sahuayo, Michoacán, en la parroquia de Santiago Apóstol, donde sufrió el encierro antes del martirio.

ORACIÓN AL BEATO JOSÉ SÁNCHEZ DEL RÍO

Señor Dios,
que otorgaste la palma del martirio
al beato José Sánchez del Río
al profesar y defender con su sangre la fe en Cristo Rey del Universo,
   concédenos por su intercesión
alcanzar la gracia de ser como él:
fuertes en la fe, seguros en la esperanza
y constantes en la caridad.
Por Cristo, nuestro Señor. Amén.

(De la liturgia del beato aprobada por la Sagrada Congregación del Culto Divino y Disciplina de los Sacramentos).

SAN RAFAEL GUÍZAR Y VALENCIA
(1878-1938)
"Un sacerdote que toca los corazones"

Nació en Cotija (Michoacán, México) el 26 de abril de 1878, en plena época porfiriana. Su padre Prudencio, hombre de piedad profunda, honesto y trabajador, poseía vastos ranchos en la región y su madre, Natividad, era una mujer llena de caridad cristiana, quien falleció cuando Rafael tenía solo ocho años y ya soñaba con ser misionero o músico… Cumplió los dos sueños, pues le esperaban las misiones que alegraba con su acordeón y timbrada voz. En un día de tormenta, regresando del rancho a su casa, ya cerca de Cotija, se detuvo en una ermita. Ante la imagen de la Virgen de San Juan del Barrio decidió hacerse sacerdote. Tenía diecisiete años.

Inmediatamente ingresó al seminario de Zamora con la bendición de su padre. Del seminario se recuerda cuando, por no saber nadar, estuvo a punto de ahogarse en la presa de Orandino, pues sus traviesos compañeros volcaron la lancha en que viajaba plácidamente, y las vacaciones pasadas en la hacienda de su familia en cuyas rancherías hacía misiones con sus compañeros seminaristas. Era reconocida su jovialidad y alegría: un día, en complicidad con los peones del rancho, fingió una escaramuza montando un buen caballo, mientras los compañeros seminaristas rezaban muertos de miedo al escuchar los disparos de pistola con que supuestamente dieron muerte al cabecilla de una banda de bandidos.

Fue ordenado sacerdote en la iglesia de San Francisco (Zamora) a los veintitrés años de edad. Por un recordatorio que conservó su hermana Natividad, sabemos que celebró su primera Misa en su natal Cotija, el 6 de junio de 1901, solemnidad del Cuerpo y la Sangre del Señor. En los primeros años de sacerdocio, acompañó en las visitas pastorales al obispo de Zamora José María Cázares, convirtiéndolas en auténticas misiones y en gimnasio de su futuro apostolado. Misionando recorrió una amplia zona de Michoacán sin un método definido —hoy se diría carismático—, lleno de celo por la salvación de las almas, propagando con entusiasmo la devoción al Sagrado Corazón y a la Virgen, acompañando los cantos con el acordeón y distribuyendo abundancia de catecismos y hermosas estampas que hacía imprimir. Recorría las regiones sin límites de tiempo, por tres, cuatro y hasta seis meses, evangelizando desde humildes y alejados poblados hasta las ciudades más populosas. Era impresionante la figura de aquel joven y alegre sacerdote, de grandes ojos azul claro y figura corpulenta.

Todavía está vivo su recuerdo en la región: en el año 2009 yo misioné en un pequeño poblado cerca de Cotija. Las ruinas de un viejo templo, entre las que sobresalía el arco de una puerta, se apoyaban sobre la iglesia actual. Los habitantes del lugar me explicaron que conservaban como reliquias aquel arco y las gradas de la antigua iglesia porque por ahí había pasado el P. Rafael Guízar.

Los primeros años de sacerdocio fue director espiritual del seminario de Zamora. Como director del apostolado de la oración, infundió tanta devoción al Sagrado Corazón de Jesús entre la gente, que los comerciantes cerraban sus negocios las mañanas de los viernes primeros para acudir a la catedral a recibir los sacramentos. Con su hermano Antonio, también sacerdote, fundó el Colegio Teresiano de Zamora para la educación de la mujer, algo entonces impensable. En este período también vivió una situación dolorosa, pues estuvo suspendido cerca de tres años del ejercicio del sacerdocio a causa de algunas calumnias vertidas después de que intentara fundar una congregación religiosa de misioneros.

Las fiestas del centenario de la Independencia de México (1910) se mezclaron con las primeras descargas de la revolución maderista que dieron fin a tres décadas de régimen dictatorial del general Porfirio Díaz. Durante su régimen, si bien se había progresado en algunos sectores del país, quedaban sin arreglar graves injusticias sociales, especialmente en los sectores agrario, educativo y democrático. Con la proclama de "Sufragio efectivo, no reelección", Francisco Indalecio Madero ocupó la presidencia del país. El P. Rafael pudo retornar a ejercer el ministerio sacerdotal recaudando fondos en la Ciudad de México para la creación de prensa ligada al Partido Católico Nacional, iniciativa que tuvo efímera vida al igual que su periódico "La Nación".

Los días del presidente Madero terminaron trágicamente en febrero de 1913 y la nación se vio envuelta en una revolución. En las escaramuzas de la "Decena Trágica" en la ciudad de México, el sacerdote Rafael Guízar recorrió el Zócalo, el Centro Histórico y las calles de Balderas cuidándose de las balas, atendiendo heridos y dando auxilio espiritual a moribundos. La revolución engulló al país mientras el "padrecito", cual misionero ambulante, recorría los campamentos militares sin distinguir bandos y empleando diversos disfraces: vendedor, médico o músico. Con su caja de baratijas se acercaba a los moribundos para llevarles un consuelo: "¿Eres católico?", preguntaba; luego se identificaba como sacerdote católico, les administraba la "extremaunción" y reconciliaba sus almas con Dios.

Durante dos años peregrinó entre las filas del ejército zapatista compuesto de campesinos armados. Una vez fue arrestado con la acusación de hacer espionaje mientras desempeñaba el ministerio sacerdotal y, al ser conducido al paredón, pudo escapar gracias a la hábil maniobra de lanzar a los soldados su reloj y unas monedas de oro: "Antes de morir –les dijo– quiero hacerles un regalo". Aprovechando la confusión creada, pues los soldados se abalanzaron sobre las joyas, se internó en un cañaveral.

En medio de peligros perseveró en aquel ministerio clandestino, perseguido por ser sacerdote católico. Fue capturado por segunda vez en la ciudad de Puebla y, de camino a la ejecución, convenció al oficial de que solo era un músico. El jefe de la escolta, para probarlo, le entregó un acordeón.

El P. Rafael interpretó las piezas con tanto entusiasmo, que terminó animando la parranda a los soldados. Al final, el jefe de la escolta le pagó veinticinco pesos por sus servicios. Sin esperar más, salió del país.

En Guatemala y Cuba adoptó el nombre de Rafael Ruiz y se dedicó a su pasión: las misiones. Recorrió numerosas poblaciones con la autorización de los obispos y el beneplácito de los párrocos. Llegó a Guatemala en abril de 1916 y, como fruto de su apostolado, legitimó muchos matrimonios; al año siguiente misionó en las diócesis cubanas de Cienfuegos, Camagüey, Santiago de Cuba, La Habana y Matanzas, encontrándose con abundante y variado auditorio: obreros, choferes, periodistas, maestros, médicos, militares, abogados…; su método consistía en distribuir invitaciones personales, atraer a los niños con premios y regalos, alternar la predicación con cantos y preguntas de Catecismo, confesar hasta bien entrada la noche y concluir con fervorosas comuniones.

A los cuarenta y un años de edad fue elegido obispo de la diócesis mexicana de Veracruz. La noticia le sorprendió en plena misión en territorio cubano. Fue consagrado obispo en la iglesia de San Felipe Neri, en La Habana. Era tal su pobreza que los cubanos le regalaron las vestiduras episcopales. Apenas llegado a su diócesis, se puso a ayudar a las víctimas de un terremoto trasladándose a lugares peligrosos por barrancas y precipicios como Chilchotla, zona del epicentro; durante cinco semanas recorrió el área afectada por el terremoto llevando consuelo y ayuda material. En Teocelo, por ejemplo, distribuyó cerca de tres mil pesos de ayuda entre pobres y lesionados.

Los sacerdotes escaseaban en la diócesis de Veracruz, pues muchos que eran extranjeros, habían sido repatriados por los gobiernos de la revolución. El mismo gobierno despojó a la diócesis del edificio del seminario recién restaurado para instalar talleres gráficos y el departamento de estadística; entonces el obispo trasladó el seminario a una destartalada casa de la ciudad de México donde funcionó clandestinamente con un centenar de alumnos y con la convicción de que a un obispo le podía faltar catedral, mitra y báculo, pero nunca seminario. "Fue el seminario de Veracruz uno de los pocos que en toda la República se mantuvieron abiertos durante la persecución religiosa"[16]. Durante los nueve años que vivió en la diócesis, la recorrió tres veces llegando a caballo y a pie a muchos lugares de difícil acceso. Cuando, después de varios meses, regresaba de las visitas pastorales, se le veía casi sin ropa y con los zapatos gastados y atados con cuerdas de lazo de ixtle de maguey. En las visitas pastorales no omitía el recorrido de parroquia en parroquia, de pueblo en pueblo y de ranchería en ranchería.

En 1926, a causa de las leyes persecutorias que el gobierno mexicano impuso a la Iglesia Católica, los obispos decretaron la suspensión del culto católico y los sacerdotes abandonaron los templos. También las iglesias de Veracruz cerraron sus puertas y callaron sus campanas. Monseñor Rafael Guízar "dispuso que todos los sacerdotes permanecieran en sus puestos y en sus respectivas residencias, y que en casas de absoluta confianza erigiesen oratorios con facultad de reservar en ellos el Santísimo Sacramento y que hicieran amplio uso de los privilegios que la Santa Sede había concedido en tan tristes coyunturas"[17]. Entonces él se ocultó hasta que las amenazas afectaron a sus familiares, por lo cual se presentó a las autoridades quienes lo desterraron. Durante dos años, en un segundo destierro, peregrinó por Estados Unidos, Cuba, Colombia y Guatemala siempre misionando. Se calcula que en su vida predicó unas mil doscientas misiones.

Concluida la Guerra Cristera en 1929 con los "arreglos" entre el gobierno mexicano y la Iglesia Católica, Monseñor Rafael Guízar regresó a su diócesis y reanudó el culto en los templos. El intrépido obispo se entregó a reparar los estragos causados en la fe por la prolongada suspensión del culto y clausura de templos, iniciando la visita pastoral de la diócesis. Ciudades como Veracruz, Córdoba, Orizaba y Cosamaloapan, y poblaciones como Tlacotalpam, Alvarado, Acula, Tlalixcoyan, San Cristóbal Llave, Piedras Negras, Cuyucuenda y Coaxtla con otros muchos lugares menores, se beneficiaron de la presencia del prelado de la diócesis y pastor de las almas.

En 1931 la diócesis de Veracruz vivió una nueva ola de violencia anticatólica promovida por el gobernador Adalberto Tejeda, determinando que por cada cien mil habitantes solo podía haber un sacerdote católico. Al estado, entonces con un millón trescientos mil habitantes, correspondían trece sacerdotes para tres diócesis… El obispo ordenó suspender otra vez el culto en los templos católicos a partir del 25 de julio. Ese día, seis agentes del gobierno asaltaron a mano armada la iglesia de la Asunción en Veracruz, la cual estaba llena de niños que asistían al Catecismo. Dispararon sobre los sacerdotes dejando una víctima, el joven sacerdote Darío Acosta y otros dos heridos. En esas circunstancias, ochenta sacerdotes recorrían clandestinamente la diócesis, se mantenían 423 centros eucarísticos y fueron ordenados cuarenta y dos seminaristas. Se llegó hasta a poner precio a la cabeza del obispo quien un día, enfrentándose a todo tipo de riesgos, se entregó al gobernador para evitar que alguien manchara sus manos con sangre al asesinarlo.

Las puertas de los templos católicos del estado de Veracruz permanecieron cerradas seis años. El domingo 7 de febrero de 1937 fue asesinada la señorita Leonor Sánchez, quien participaba en una Misa clandestina. Obreros y campesinos se manifestaron ante el gobernador y sacaron a los sacerdotes de sus escondites para llevarlos en hombros a las iglesias; el obispo también pudo regresar a su diócesis, aunque no se le permitió residir en su sede, sino en Coatepec. Pasada la violencia contra la iglesia veracruzana, solo cuatro meses desempeñó el ministerio episcopal. Enfermo, fue trasladado a la ciudad de México donde escribió su última carta pastoral. Falleció el 6 de junio de 1938, aniversario de su primera Misa y día de su última Misa. Un río de gente acudió a velarlo a la casa de su hermano Prudencio. A la mañana siguiente el cortejo partió a Veracruz. Desde Limón, primer poblado de la diócesis, la gente esperaba con flores y cirios. Seis kilómetros antes de llegar a Jalapa, los obreros bajaron el féretro y lo llevaron en hombros mientras unas veinte mil voces cantaban a coro "¡Oh Virgen Santa, Madre de Dios, sois la esperanza del pecador!", el himno con que el humilde prelado iniciaba las misiones populares. Sus restos descansan en la catedral de Jalapa. Fue beatificado por Juan Pablo II y canonizado por Benedicto XVI.

Para llegar a la canonización se requirieron dos milagros: el de la beatificación fue el nacimiento –inexplicable para la ciencia– de un niño, concebido y gestado por una mujer genéticamente estéril, con síndrome de Dubowitz (matriz infantil sin menstruación); para la canonización, fue la curación de un niño al cual le detectaron labio leporino y paladar hendido en tres ultrasonidos distintos. Aun después de su muerte, el santo obispo de Veracruz sigue mostrando su amor y predilección por los niños, pues no predicaba misiones sin la presencia de los niños.

ORACIÓN A SAN RAFAEL GUÍZAR

Señor, Dios nuestro,
que hiciste a san Rafael Guízar
pastor eximio e incansable en el anuncio del Evangelio,
concédenos, por su intercesión,
que, encendidos por el fuego apostólico
y fortalecidos por la gracia divina,
llevemos a nuestros hermanos a Cristo
y así podamos gozar con ellos de la recompensa eterna.
Por nuestro Señor Jesucristo. Amén.

(CONF. EPISCOPAL MEXICANA; Misal Romano, Ed. Buena Prensa, 15ª Ed., 2006, p. 1005).

BEATA MARÍA DEL TRÁNSITO CABANILLAS
(1821-1885)
Primera beata argentina

Fundadora de las Terciarias Misioneras Franciscanas, nació el 15 de agosto de 1821 en la hacienda o estancia familiar de Santa Leocadia, en el Valle de Punilla, provincia de Córdoba (Argentina). Las aguas del lago San Roque, con sus 300 hectómetros cúbicos de agua, a finales del siglo XIX cubrieron parte del valle, sepultando villorrios, ranchos y haciendas, entre ellas Santa Leocadia y el pueblo de San Roque. Hoy, en la ribera del lago ha surgido la famosa Villa Carlos Paz. La familia Cabanillas se dedicaba al campo. Don Felipe y doña Francisca Antonia Sánchez tuvieron once hijos, de los cuales uno fue sacerdote y tres religiosas en diversos institutos. Esto da idea de la vida en aquel hogar de abolengo cordobés donde no faltaba el trabajo, el cariño y la oración. María del Tránsito ocupó el tercer lugar de aquella numerosa prole.

Su infancia discurrió en un ambiente campirano sin los refinamientos de la ciudad, pero con comida sabrosa y abundante. Don Felipe, su padre, era severo y piadoso: en ausencia del sacerdote dirigía los rezos comunitarios en la vecina capilla de San Roque; Doña Francisca, rodeada de algarabía infantil, tenía tiempo para organizar la casa y enseñar el Catecismo y las primeras letras a sus hijos. Las hijas, además, la acompañaban a tejer, bordar y zurcir. El paso de las huestes federales por la hacienda en 1840 obligó a la familia Cabanillas a trasladarse a los llanos de Río Segundo en una época de convulsiones sociales con sucesivos enfrentamientos entre unitarios y federales: al ganar una revolución estallaba la contrarrevolución con los subsiguientes atropellos que recaían sobre la población civil.

No tenemos noticias de sus años juveniles en los que la familia festejó nacimientos, bautismos, primeras comuniones, confirmaciones y, tal vez, noviazgos y matrimonios. Sí sabemos que a los veintidós años de edad acompañó a Córdoba a su hermano Emiliano, que se preparaba para el sacerdocio en el seminario de Nuestra Señora de Loreto, convirtiéndose en la primera colaboradora de sus iniciativas apostólicas. Allí fue testigo de las violentas luchas políticas y sociales del laicismo liberal.

En 1850, después de la muerte del padre, la familia se mudó a Córdoba, a la casa del hermano seminarista: madre y hermanas. Cuando Emiliano fue ordenado sacerdote, María del Tránsito se convirtió en su principal colaboradora: cada semana recorría las casas de los pobres, se preocupaba de que los enfermos recibieran los sacramentos y procuraba conducir al matrimonio a los que vivían en unión libre. Apoyada en la espiritualidad jesuítica, se distinguió por su devoción a la Eucaristía. También era catequista y, por el testimonio de una sobrina, conocemos que no se permitía faltar y que era tan grande su dedicación y tan bellas sus enseñanzas que los papás de los niños la llamaban *el P. Astete*, haciendo referencia al conocido Catecismo escrito por el religioso jesuita.

Después de la muerte de su madre, acaecida en 1858, atraída por los ideales evangélicos de san Francisco y buscando mayor perfección espiritual, se adhirió al ideal franciscano profesando los consejos evangélicos de pobreza, castidad y obediencia en la orden seglar. Los hermanos Cabanillas asumieron una nueva responsabilidad al acoger a cinco sobrinas huérfanas. Por ellas nos han llegado algunos detalles de la personalidad de María del Tránsito, ya una mujer madura: que su vestido de color café era simple, que cuando salía a la calle se cubría con un chal negro de merino, que madrugaba todos los días para oír la Santa Misa y comulgar, y que diariamente hacía alguna lectura espiritual con escritos de santa Teresa y el P. Rodríguez. Una de ellas, muy particularmente, nos transmitió la imagen de la tía: de estatura normal, complexión gruesa pero proporcionada, blanca, cabellos rubios algo ondulados con partido en medio formando dos trenzas que caían sueltas a la espalda sin ningún arreglo, mirada suave y ojos pardos, frente amplia y despejada, y rostro sereno y modesto[18]. Concluye diciendo que su tía era activa, trabajadora, nunca estaba ociosa y que tenía un lindo jardín, cuyas flores llevaba a la iglesia[19].

Cuando el cólera asoló algunas regiones, en la provincia de Córdoba murieron cerca de cuatro mil personas; casi no hubo hogar no enlutado por la tragedia. Las mujeres de la familia Cabanillas asistieron a la población como enfermeras. Andaban de rancho en rancho curando a los enfermos que yacían abandonados por sus familiares y les llevaban los sacramentos. Su sensibilidad humana –hoy diríamos "social"– la llevó a sumarse a la Conferencia Vicentina, pasando del ejercicio individual de la caridad cristiana a una acción caritativa organizada bajo la dirección del P. David Luque. Tránsito realizaba cada semana el recorrido por las casas de los pobres encomendados a ella: un día recogió a una mujer tuberculosa y la llevó a su casa donde la atendió hasta que falleció.

Esta etapa de la vida de Tránsito fue comentada por el arzobispo de Córdoba Carlos José Ñañez de la siguiente forma: "Tránsito vivió la mayor parte de su existencia como laica, y como tal se esforzó en hacer conocer la fe, empeñándose como catequista, participando en las Conferencias Vicentinas y acercándose a favor de los pobres"[20].

Un día –nos cuenta Tránsito– sintió una llamada de Dios: "En el año del Señor 1870, en el mes de septiembre, me inspiró el Señor el deseo de fundar una casa de Religiosas Terciarias Franciscanas de penitencia"[21]. A pesar de lo mucho que le agradaba ese pensamiento, guardó silencio y no comunicó a nadie el proyecto pensando que lo desaprobarían o que la tacharían de loca. A sus cincuenta años de edad, meditando en la manera de llenar su ideal y desconociendo el modo de iniciar una fundación, ingresó en la clausura carmelita primero y, posteriormente, con las salesas, debiendo abandonar ambos conventos a causa de una extraña enfermedad que la puso al borde de la eternidad y regresó a su tierra natal abandonándose a las manos de la Providencia Divina.

La idea de la fundación se hacía cada vez más intensa y los signos de Dios no se hacían esperar: los franciscanos la animaban; su hermano Emiliano, antes de fallecer, le heredó un pequeño capital "para una obra de beneficencia a favor de la niñez"; y el obispo la alentó a no desmayar en la empresa y le encomendó que el convento no fuera solo de penitencia, sino también para instrucción cristiana de la infancia pobre y desamparada. Y, para terminar, Dios la guio hacia un nuevo barrio pobre y en rápido crecimiento, donde un bienhechor le donó un terreno...

Nuevamente las palabras del arzobispo de Córdoba nos muestran el significado de Tránsito como fundadora de una congregación religiosa: "Pacientemente buscó hacer la voluntad de Dios y cuando tuvo la certeza de que era llamada a la vida consagrada, la abrazó con extraordinario entusiasmo poniendo en juego su integral consagración al Señor con la simplicidad y la alegría propia del espíritu franciscano que la animaba"[22].

María del Tránsito y dos compañeras recibieron el hábito de Terciarias Franciscanas Misioneras en diciembre de 1878. La afluencia de nuevas vocaciones fue inmediata a pesar de la rigurosa pobreza de los inicios. En poco tiempo se ganaron el corazón del barrio San Vicente, iniciando la enseñanza del Catecismo y una escuela para niñas que abrió sus puertas en marzo de 1879. El nuevo barrio había nacido bajo el impulso de la expansión e industrialización que llevó la introducción del ferrocarril una década atrás en el tiempo, siendo su fundador el filántropo Agustín Garzón. Hoy es uno de los barrios más importantes y populosos de Córdoba. El colegio Santa Margarita de Cortona es una realidad viva, testigo de la santidad de María del Tránsito. En los pocos años de fundación se instituyeron otros dos colegios en diversas ciudades cordobesas: el del

Carmen en Río Cuarto y el de la Inmaculada Concepción en Villa Nueva. "Su elección por los pobres, –comenta el arzobispo de Córdoba– por la educación de la infancia y de los jóvenes y de la promoción de la mujer fueron proféticos"[23].

A la madre le quedaba todavía una última cruz: la humillación que encontró cuando se le despojó de su papel de fundadora y se le destituyó del cargo de superiora. Acató esas disposiciones sin "palabra alguna de queja". Se le llegó hasta prohibir la comunicación epistolar con la comunidad y cuando se habló de su posible expulsión del instituto, dijo con acento profético: "Todo lo llevaré con paciencia por Dios. Yo no saldré de esta casa, ni viva ni muerta", según narra su biógrafo Teófilo Luque. Y a su muerte, acaecida el 25 de agosto de 1885, aunque ya se le había destinado una sepultura en el cementerio público, fue inhumada en el terreno del convento reservado para iglesia.

El proceso de beatificación de María del Tránsito fue particularmente complicado porque se encontró con que había sido destituida de papel de fundadora y superiora, y se le juzgó insubordinada y sin capacidad para dirigir la congregación. Gracias a su intercesión, el sacerdote franciscano Roque Chielli sanó milagrosamente de un derrame cerebral en 1970. En la sala del pre-operatorio el neurocirujano observó un esbozo de recuperación de algunas facultades mentales del enfermo y solicitó nuevas pruebas. Con gran sorpresa, los médicos se encontraron con la recanalización del derrame y la reactivación de la circulación cerebral en la zona lesionada. Su sanación le permitió regresar con renovado entusiasmo a sus actividades misioneras entre los indígenas chiriguanos.

La madre María del Tránsito fue beatificada por Juan Pablo II en 2002.

BEATA MARÍA DEL TRÁNSITO CABANILLAS

Dios y padre nuestro,
que en el espíritu de san Francisco de Asís
inspiraste a la beata María del Tránsito
la fundación de la congregación religiosa
de las Hermanas Terciarias Franciscanas Misioneras,
concédenos, por su intercesión,
servir a todos con sencillez evangélica.
Por Cristo, nuestro Señor. Amén.

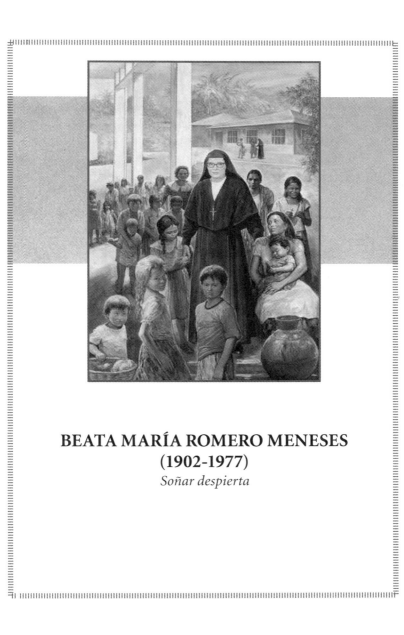

BEATA MARÍA ROMERO MENESES
(1902-1977)
Soñar despierta

Nació el 13 de enero de 1902 en Granada (Nicaragua), en la casa señorial de los Romero Meneses, una distinguida familia de la región. Aquí pasó una infancia rodeada del cariño de sus padres, Félix y Ana; de su abuela y los empleados domésticos. Educada por sus tías maestras, manifestó talento para la música y la pintura. Una primera anécdota de su vida ocurrió el día de su Primera Comunión, a los ocho años de edad: el grupo de niños que recibió la Comunión era grande, de doscientos niños, y ese día todos desayunaron como invitados en la casa Romero.

Hacia los doce años de edad dejó la escuela de sus tías y pasó al colegio que las Hijas de María Auxiliadora habían abierto en Granada. Durante ese año escolar una peligrosa fiebre reumática la retuvo postrada y sanó milagrosamente gracias a la intercesión de la Virgen: "Yo sé que ella me curará" —había asegurado—. De este período escolar se recuerda que fue muy feliz el día en que se inscribió en la Asociación de las Hijas de María. La familia Meneses poseía una hacienda en la ribera del lago Cocibolka, donde María y sus amigas pasaban los fines de semana; ella aprovechaba y reunía a los niños de la hacienda para enseñarles el Catecismo con sus amigas.

A los dieciocho años manifestó su vocación religiosa e ingresó a la congregación de las Hijas de María Auxiliadora, fundadas por san Juan Bosco, y que estaban en plena expansión como educadoras de la juventud católica. No solo dejó a sus padres, hermanos y hogar para consagrarse a Jesús, también abandonó su patria y se trasladó a San Salvador (El Salvador) para iniciar el noviciado. La joven novicia con alma de artista pronunció los votos religiosos con estos sentimientos: "Oh Jesús, enséñame a hablar, trabajar y vivir solo en tu amor y por tu amor", según escribió en una libreta. No tardó en ser destinada como maestra en Granada, donde se ganó el aprecio de las estudiantes a quienes impartía materias de música, dibujo, pintura y mecanografía; al final del año escolar organizaba exposiciones con las obras de las alumnas y, aunque carecía de método en la disciplina, con su amabilidad y paciencia se ganaba a las niñas que le confiaban sus travesuras, derrotas y triunfos. No todo eran éxitos, pues algunas compañeras salesianas la consideraban inútil porque no imponía disciplina en el salón de clases.

Feliz en su cargo de maestra pronunció los votos perpetuos con veintiocho años de edad. Un día, al llegar al convento en el mismo momento en que se desataba un fuerte aguacero, exclamó: "¡Cuánto me gusta la lluvia. Esta noche dormiremos bien!", sin darse cuenta de la presencia de un pobre que esperaba un poco de comida y que le contó cómo su choza se mojaba por todas partes… Aquella noche sor María no pudo dormir. Ese encuentro casual le hizo pensar –como si fuera un sueño– en llegar a los marginados.

Otros acontecimientos retrasaron la realización de su sueño: un revés llevó a su familia a la bancarrota de la que salió para llevar solo una vida digna. A María le preocupaba la salud espiritual de su padre, que se alejó de los sacramentos y fue muy feliz cuando se enteró de que ya había recibido la Comunión. El año 1931 fue trasladada a San José de Costa Rica, a un colegio para niñas de familias ricas: dejó la patria con el luto de un fuerte terremoto que asoló la ciudad de Managua y a su propia familia en la prueba. En ese tiempo escribió en su agenda: "Busquen el Reino de Dios [...] y todas esas cosas se les darán por añadidura" (Mt 6:33). Su vida transcurría entre clases de dibujo, pintura y música, y la atención a niños y jóvenes en los oratorios. Ignoramos cuándo escribió esta oración que refleja el estado de su alma:

"Ahora mi única preocupación suspirada, ilusión, ambición y obsesión es: Dios mío, alivia y consuela a los pobres que sufren y tienen puesta toda su fe y su confianza en ti. Por tu poder omnipotente y tu misericordia infinita, ayúdalos, Señor…".[24]

Para la Navidad de 1939 pudo realizar su sueño de ayudar a los pobres de una manera más efectiva: organizó un grupo de jóvenes catequistas –a las que llamó "misioneritas"– para visitar a los marginados de la periferia de la ciudad. Les decía: "Ayudaremos en las casas a limpiar y ordenar. Les llevaremos ropa y comida. Pero tenemos que recordar que si les llevamos leche y ropa, pero no les llevamos a Cristo, los dejaremos más pobres que antes".

Le gustaba enseñar el Catecismo del que decía que era "ciencia de la verdad, ciencia divina que nos conduce al conocimiento y al amor de Dios y mantiene encendida la luz de la fe". Con la ayuda de las misioneritas recorrió regiones marginadas llevando ropa y víveres; la evangelización consistía en entronizar en los hogares la imagen del Sagrado Corazón, rezar el Rosario en honor a la Virgen, enseñar el Catecismo a los niños y promover los sacramentos entre las familias: bautismos, primeras comuniones y matrimonios; estableció treinta y seis centros –oratorios– para niños y jóvenes con un programa de Catecismo y asistencia cristiana; organizó un dispensario donde las mamás de las estudiantes confeccionaban vestidos para los niños y sor María impartía cursos de preparación profesional. Cabe decir que algunas de sus compañeras religiosas no estaban de acuerdo con aquellas actividades apostólicas y pensaban que sor María debía limitarse a dar las clases que se le asignaban.

Este testimonio puede ayudarnos a comprender mejor el apostolado de la madre María Romero: "Conocí a sor María hace como treinta años. Me ayudaba con comida y ropa para mí y mi familia. Tenía un corazón muy grande, muy noble, muy espiritual. Cuando ella llegaba a nuestro barrio, del Corazón de Jesús, me parecía que era un ángel el que llegaba a darnos paz y alegría. Eran entonces treinta dos casitas, todas de gente muy pobre. Ella tenía para todos. Nos premiaba si respondíamos a las preguntas del Catecismo que nos hacía, y como yo era un poquito más instruida, muchas veces fui la premiada; pero su amor era para todos y para todas, sin tener preferencias y completamente desinteresado"[25]. Otro testimonio dice que Sor María "no podía ver sufrir a nadie sin sufrir ella también y buscaba la manera de consolar, de ayudar, sin mirar ricos o pobres, buenos o malos, todos eran iguales, no hacía distinciones"[26].

Sor María organizaba y acompañaba grupos de misioneritas a Piedras Negras, Garza, Cuesta Grande, Cañas, Las Juntas, Tilarán, Bagaces, Liberia y hasta treinta localidades diferentes, donde misionaban durante las vacaciones escolares; las misiones concluían con bautismos, confirmaciones, primeras comuniones, matrimonios, la entronización de la imagen del Sagrado Corazón y el entusiasmo de las misioneras quienes conservaron gratos recuerdos de esas jornadas. Para honrar a la virgen María recomendaba el Rosario, la devoción de los quince sábados y esta breve oración: "Pon tu mano, Madre mía, ponla antes que la mía. Por la Santa Cruz líbrame de todo mal y del enemigo infernal".

Por las crónicas escolares, sabemos que dejó el colegio y la enseñanza en el año 1955 y que pasó a la Casa de María Auxiliadora, donde se dedicó de lleno a las obras sociales. Inmersa en el apostolado social, no dejaba de recomendar la Misa diaria, el rezo del Rosario en familia y la devoción a la Virgen. Cada día era mayor el flujo de pobres que acudían a la Casa de María Auxiliadora y el número de niños que asistían a los oratorios e instalaciones –unos cuantos salones– eran insuficientes. Para el año 1961, el Consejo General de la Congregación decidió construir la "Casa María Auxiliadora - Obras Sociales" que organizaba la actividad de veintitrés oratorios de la periferia, los cuales atendían a unos cinco mil niños. Además, el centro reunía a personas de diversas condiciones sociales: pobres que pedían pan y vestido, niños que se preparaban para la Primera Comunión, alumnas y exalumnas del colegio, chicas colaboradoras y damas de sociedad.

En el año 1966 la Madre María inauguró la capilla y un edificio de tres niveles con varias especialidades médicas, salones para Catecismo, escuela nocturna y talleres de trabajo; en 1968, con la ayuda de un bienhechor, organizó un centro de orientación social donde preparaba a muchachas pobres y sin trabajo, y acogía a muchachas a quienes la calle quitaba toda dignidad, yendo ella misma a buscarlas. En aquel centro se impartían clases de todo género a la juventud pobre y abandonada. También ese año recibió el reconocimiento de "Mujer del Año" por la Unión de Mujeres Americanas de Costa Rica. En 1969 las superioras la invitaron a realizar un viaje a Italia: en Roma tuvo el privilegio de hablar con el papa Pablo VI; conoció la basílica de María Auxiliadora construida por don Bosco y otros lugares sagrados para los miembros de la familia salesiana, la Casa de la Virgen de Loreto y, sobre todo, ofreció a las jóvenes religiosas salesianas el testimonio de apostolado realizado en la Casa de María Auxiliadora de Costa Rica.

ASAYNE, una asociación de ayuda a los necesitados, otro de sus sueños, nació con el apoyo de seglares al leer las palabras del Papa Pablo VI en el *L'Osservatore Romano*, periódico oficioso del Vaticano, donde el Papa decía: "preocupémonos por los pobres, ayudémosles en sus necesidades; démosles de comer para que su hambre se sacie..."[27]. Esto sucedía precisamente en los años en que comenzaba a cobrar fuerza la Teología de la Liberación, la cual muchas veces comparaba a los pobres de América Latina con el proletario, haciendo una interpretación de la Sagrada Escritura de cariz marxista. Para Sor María, ASAYNE simplemente había brotado del corazón de María Auxiliadora y de la meditación de las catorce Obras de Misericordia. Así, en 1973, mandó construir casas para los menesterosos que se refugiaban bajo los puentes, a la orilla de los ríos o se amontonaban en cuartos estrechos, dando origen a las *Ciudadelas de María Auxiliadora*. También construyó una iglesia dedicada a María Auxiliadora en el centro de San José. La finalidad de estas obras sociales fue propagar la devoción a Jesús Sacramentado y a María Auxiliadora.

En diciembre de 1972 otro terremoto asoló la ciudad de Managua, en su natal Nicaragua, provocando miles de víctimas. Ante tanto sufrimiento, Sor María hizo una curiosa recomendación: pidió que se rezara mucho por la paz, pues lo sucedido en Managua no era nada comparado con las cosas que iban a pasar en el futuro…

Agotada por el apostolado, viajó a su natal Nicaragua con intención de atender un poco su salud y descansar en compañía de sus dos hermanas y de dos sobrinas. Se encontraba en una casa de campo, no lejos de la ciudad de León, en un lugar denominado Las Peñitas. Allí sufrió un infarto el 7 de julio de 1977, sin que nadie la pudiera auxiliar. Después de los solemnes funerales en Nicaragua, sus restos fueron trasladados a San José, Costa Rica, donde fue declarada ciudadana honoraria y se dio su nombre a una calle. Fue beatificada el 14 de abril de 2002 por Juan Pablo II.

ORACIÓN A LA BEATA MARÍA ROMERO MENESES

Oh Dios, fuente de todo consuelo,
que siempre sales a nuestro encuentro
con los dones de tu amor, concédenos,
por intercesión de la beata María Romero,
experimentar la dulzura de los consuelos del Espíritu
para difundir con alegría los dones de tu bondad.
Por Cristo, nuestro Señor. Amén.

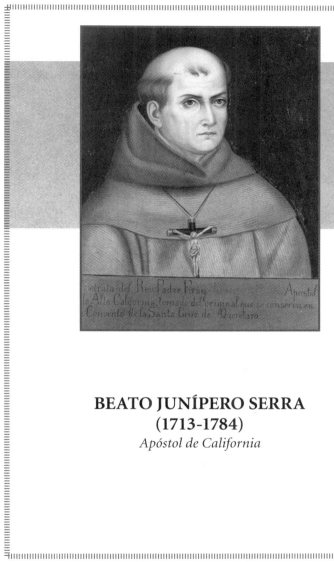

BEATO JUNÍPERO SERRA
(1713-1784)
Apóstol de California

"Siempre adelante, nunca hacia atrás" fue el lema de este santo misionero nacido hace ya tres siglos. Sus dotes intelectuales, celo misionero, bondad y paciencia produjeron frutos en su nativa Mallorca, México y parte de lo que actualmente es Estados Unidos. Miguel José Serra Ferrer nació el 24 de noviembre de 1713 en Petra (España), un pequeño poblado de la isla de Mallorca. Su mamá, siempre atenta a inculcar el conocimiento y el amor a Dios en sus hijos y su padre muy apreciado por los frailes de la iglesia de San Bernardino, lo enviaron a estudiar a Palma de Mallorca, confiándolo a un sacerdote amigo. Ingresó a la orden franciscana con 17 años de edad, cambiando su nombre por Junípero en evocación del humilde compañero de san Francisco y fue ordenado sacerdote a los veinticuatro años de edad. Ocupó una cátedra en la Universidad Luliana de Palma de Mallorca, en la que se ganó el aplauso como "docto y profundo". Su primer biógrafo, Francisco Palou, dice que "las ocupaciones de la cátedra no le impedían para emplearse en las del Espíritu Santo" y que durante la Cuaresma, y en otras ocasiones, iba a predicar con éxito logrando la conversión de muchos pecadores.

A los 35 años de edad descubrió su vocación misionera y dejó la cátedra manifestando la alegría que le llenaba el corazón por este hecho y, tras despedirse tiernamente de sus ancianos padres y de besar los pies a los frailes –hasta del último novicio–, se embarcó a América en el puerto de Cádiz acompañado de Francisco Palou. Iban en el barco veinte franciscanos y siete dominicos. Después de noventa y nueve días de navegación llegaron al puerto de Veracruz. Renunciando a los medios de transporte puestos a su disposición por las autoridades virreinales, Fr. Junípero siguió a pie hasta la capital mexicana, con el saldo de una pierna llagada para toda la vida a causa de las picaduras de mosquitos. Llegó a la Ciudad de México el 31 de diciembre de 1749, pernoctando en las dependencias de la

Villa de Guadalupe, como era costumbre en la época; y el 1 de enero, después de celebrar Misa y encomendarse a la Virgen, se incorporó a la comunidad franciscana en la actual colonia Guerrero, donde se encuentra la iglesia de San Fernando y donde permanece vivo su recuerdo.

Su primer destino misionero, por espacio de casi nueve años, fue la Sierra Gorda, en el estado de Querétaro. Vale la pena esta cita de María Elena Galaviz de Capdevielle en su artículo *Descripción y Pacificación de la Sierra Gorda*: "A mediados de 1750 llega a la sierra su verdadero pacificador, Fr. Junípero Serra, acompañado de Fr. Francisco Palou. El lugar designado para desempeñar su labor fue la misión de Santiago de Jalpan, donde fueron recibidos con gran beneplácito por más de 1000 indios congregados"[28]. Además de Jalpan, los misioneros franciscanos atendían las misiones de Landa, Tilaco, Tancoyol y Concá, habitadas por indios chichimecas nómadas que hostilizaban a los españoles asaltando caminos, rancherías y haciendas. Tradujo el Catecismo y algunas oraciones al idioma de los pames, incrementó las siembras y la ganadería, construyó una magnífica iglesia de mampostería en Jalpan; los indígenas aprendieron albañilería, carpintería y herrería; los instruyó para comerciar las semillas sobrantes y adquirir ganado, herramientas y vestido y, para mejorar la alimentación, introdujo el cultivo de legumbres. Las mujeres aprendieron a cocinar, coser, bordar y tejer.

Llamado a la ciudad de México para emprender una misión entre los indios apaches de Tejas y que se suspendió por no estar pacificada la región, pasó tres trienios en el convento de San Fernando, uno como maestro de novicios, y dos más predicando en la capital y en otras ciudades del virreinato como Guadalajara, Tuxpan, Puebla y Oaxaca, incluida la zona costera. El P. Palou, en su Relación histórica de la vida y apostólicas tareas del venerable padre fray Junípero Serra, dice lo siguiente sobre este período:

> "Quedóse en el Colegio hasta el año 1767, en que lo destinó la obediencia para estas misiones de California, y estuvo sin el exercicio de predicar a los infieles por más de siete años en cuyo tiempo trabajó mucho en la conversión de los pecadores en las Misiones que predicó así en el distrito del Arzobispado de México, como en otros cuatro Obispados".[29]

Con la expulsión de los jesuitas de la Nueva España, las misiones de California, iniciadas setenta años atrás, pasaron a manos de los franciscanos, Fr. Junípero, con 54 años de edad, y sus compañeros franciscanos iniciaban la etapa de la evangelización de California. Los misioneros anclaron frente a la península de Baja California, en Loreto, un Viernes Santo. Al día siguiente, con un acta histórica abrió el libro de la misión:

> "Día dos de abril, Sábado de Gloria de este año 1768, entramos en esta Misión y Real Presidio de Loreto, cabecera de esta Península de California, dieciséis religiosos enviados de nuestro prelado por decreto del Excmo. Señor Virrey y, habiendo yo, el infraescrito Presidente de dichos religiosos resuelto a quedarme a administrar por mí mismo esta Misión Real y Presidio asigné a las demás Misiones los ministros de esta forma..."

Con estas palabras inició la epopeya evangélica de las misiones californianas.

En primer lugar, visitó las misiones establecidas por los jesuitas:

> "Llegó primero a la misión de San Francisco Javier de Viaundó, y el P. Palou, que allí estaba, viendo el estado lastimoso de su pierna, no quería dejarle seguir, pero no pudo retenerle. Visitó también detenidamente San José de Comondú, La Purísima –donde los indios bailaron en su honor–, Guadalupe, San Miguel –allí tuvieron la

gentileza de cederle un muchacho indio ladino, que sabía leer y ayudar misa–, Santa Rosalía de Mulegé, San Ignacio, Santa Gertrudis, San Francisco de Borja y Santa María de los Ángeles"[30].

Más adelante fundó la misión de San Fernando de Vellicatá, que se convirtió en centro de operaciones y acopio para emprender la evangelización del norte de California.

La avanzada a San Diego se organizó con todo cuidado en dos grupos: uno por mar, en dos barcos, y otro por tierra en el que iba Fr. Junípero prosiguiendo el penoso viaje, que duró cincuenta días, con grandes molestias en la pierna herida. "Hijo, ¿no sabrás hacerme un remedio para la llaga de mi pie y pierna?", preguntó Junípero al arriero Juan Antonio Coronel. "Padre, ¿qué remedio tengo yo de saber? ¿Qué, acaso soy cirujano? Yo soy arriero, y solo he curado las mataduras de las bestias. Pues, hijo, haz cuenta que yo soy una bestia y que esta llaga es una matadura, de que me resulta la hinchazón de la pierna, y los dolores tan grandes que siento, que no me dejan ni para dormir, y hazme el mismo medicamento que aplicarías a una bestia"[31]. Milagrosamente se recuperó, no se sabe si por el remedio o por su gran fe.

Este párrafo de la relación que Fr. Junípero hizo a su superior en México da una idea de las penalidades que pasaron él y los colonizadores al llegar a San Diego:

"Yo, gracias a Dios, llegué antes de ayer, día primero de este mes a este puerto de S. Diego, verdaderamente bello y con razón famoso. Aquí alcancé a cuantos habían salido primero que yo, así por mar como por tierra, menos los muertos. Aquí están los compañeros, padre Crespi, Vizcaíno, Barrón, Gómez y yo. Todos buenos, gracias a Dios. Aquí están los dos barcos y el S. Carlos sin marineros, porque todos se han muerto del mal de loanda [escorbuto] y solo ha quedado uno y un cocinero".[32]

De esta forma recorrió con gran celo la costa del Pacífico californiano, estableciendo misiones desde San Diego hasta San Antonio. Deseaba abrir nuevas misiones, pero tenía que esperar: "Yo no digo que todo se tiene que hacer en un día, pero bueno es poner la proa al buen viento", escribió a la ciudad de México, sugiriendo la fundación de un convento en California de donde pudiera obtener operarios apenas una misión pudiera surgir.

Dificultades y tensiones con el gobierno militar de las misiones lo obligaron a viajar a la Ciudad de México para entrevistarse con el Virrey Antonio María Bucarelli. Tanto en Guadalajara como en Querétaro se puso tan mal, que le administraron la Unción de los Enfermos. "Esta venida a México me ha sido de mucho quebranto", escribió a su sobrino. La embajada duró siete meses e informó al Virrey de la situación de las misiones ya fundadas. El Virrey quedó impresionado por el celo del fraile a quien autorizó la fundación de nuevas misiones en San Francisco y el canal de Santa Bárbara. Fr. Junípero regresó contento trayendo consigo las disposiciones favorables del Virrey que decretaban que "el gobierno, el control y la educación de los indios bautizados pertenecía exclusivamente a los misioneros". Tenía 60 años de edad y regresaba a California con nuevos refuerzos para proseguir la obra evangelizadora: "En California está mi vida y allí, si Dios quiere, espero morir", confesó a su sobrino.

En noviembre de 1774 los indios, incluidos los conversos, asaltaron la misión de San Diego y asesinaron al P. Luis Jaime. Consumada la tragedia, tres objetivos lo ocuparon: reconstruir la misión, reiniciar la truncada fundación y buscar el perdón para los indios, como ya antes había dicho: "Si los indios me matan, se les habría de perdonar". Ni siquiera este incidente apagó sus deseos de crear nuevas misiones, cuando las existentes ya habían sido consagradas por la sangre de un mártir. De 1776 a 1782 estableció las misiones de San Francisco, Santa Clara, San José de Guadalupe, San Juan Capistrano, Nuestra Señora de los Ángeles y San Buenaventura. En todas, los frailes enseñaron a los indios a cultivar la tierra y a domesticar animales para consumo y transporte.

Al final de su vida obtuvo de la Santa Sede la facultad de administrar la Confirmación, efectuando un nuevo recorrido por las misiones terminando en San Carlos Borromeo, donde las fuerzas le fallaron: "Padre –dijo un soldado a Palou–, este santo padre en predicar, en rezar y en cantar siempre está bueno, pero se va acabando". Había confirmado a 5,307 neófitos. El 27 de agosto de 1784 quiso recibir la Comunión con lucidez y se opuso a que la llevaran a su habitación pues, pudiendo ir por su propio pie, era él quien tenía que ir al encuentro de Jesús. Acompañado del comandante, parte de la tropa y los cristianos, la recibió de rodillas. Falleció al día siguiente sin señales de agonía. Oficiales, soldados e indios cargaron sus restos mortales.

Poco tiempo después de su muerte, el superior del convento de San Fernando escribía al provincial de los franciscanos en Mallorca: "Murió como un justo, en tales circunstancias que todos los que estaban presentes derramaban tiernas lágrimas y pensaban que su alma bendita subió inmediatamente al Cielo a recibir la recompensa de su intensa e ininterrumpida labor de 34 años, sostenido por nuestro amado Jesús, al que siempre tenía en su mente sufriendo aquellos inexplicables tormentos por nuestra redención. Fue tan grande la caridad que manifestaba, que causaba admiración, no solo en la gente ordinaria, sino también en personas de alta posición, proclamando todos que ese hombre era santo y sus obras, las de un apóstol"[33].

En el año 1787, el P. Francisco Palou publicó la "Relación histórica de la vida y apostólicas tareas del venerable Fr. Junípero Serra, y de las misiones que fundó en la California Septentrional" dirigida a la provincia de Mallorca, España, de donde Fr. Junípero había salido treinta y cuatro años antes. California llegó a ser uno de los estados de la Unión Americana en 1848. La estatua de Fr. Junípero, junto con la del P. Eusebio Kino, fue inaugurada en el Capitolio de Washington el 1 de marzo de 1931. Este insigne misionero fue beatificado por Juan Pablo II en 1988.

ORACIÓN AL BEATO JUNÍPERO SERRA

Oh Dios, por tu inefable misericordia
has querido agregar a tu Iglesia
a muchos pueblos de América
por medio del beato Junípero Serra;
concédenos, por su intercesión,
que nuestros corazones estén unidos a ti en la caridad
de tal manera que podamos llevar ante los hombres,
siempre y en todos partes,
la imagen de tu Hijo Unigénito,
nuestro Señor Jesucristo. Amén

(CONF. EPISCOPAL MEXICANA; Misal Romano, Ed. Buena Prensa, 15ª Ed., 2006, p. 535).

SANTA NARCISA DE JESÚS MARTILLO MORÁN
(1832-1869)
La doncella de Nobol

En Nobol (Ecuador), a orillas del río Daule, con una población de unos 6,500 habitantes según censo del INEC en 2010, se encuentra el Santuario Nacional de santa Narcisa de Jesús. La fama de Narcisa se debe a su santidad de vida y a los milagros que tuvieron lugar por su intercesión después de su fallecimiento. Nació el 29 de octubre de 1832 en la hacienda de Nobol, cuando la región estaba poblada de haciendas y caseríos, herencia de la época colonial. Sus padres, Pedro Martillo Mosquera y Josefa Morán, eran hacendados acomodados y profundamente creyentes. Tenían nueve hijos.

Narcisa ocupaba el séptimo lugar entre sus hermanos, cuatro hombres y cinco mujeres. Afectada por la muerte prematura de su madre, se hizo de temperamento reservado. Sus hermanos recordaban cómo siendo adolescente se retiraba al huerto a meditar a la sombra de un guayabo, lo cual le valió el apodo de "montubia" con el significado de retraída o tímida. Su carácter apacible quedó bien reflejado en estos testimonios: "muy amable y alegre", "de carácter dulce", "buena y obediente", "caritativa" y "amada por el vecindario", siendo "muy bondadosa y compasiva con los pobres"; "pero, por encima de todo, era piadosa". Su educación, a cargo de su hermana mayor Tránsito, fue completa: sabía leer, escribir, cantar, tocar la guitarra, coser, tejer, bordar, cocinar, lavar, planchar, etc. Todas las cosas a que una mujer de pueblo podía aspirar.

De su niñez y adolescencia destaca el influjo que sobre ella tuvo la vida de santa Mariana de Jesús Paredes, declarada heroína nacional por la Asamblea Nacional Constituyente del Ecuador y beatificada por la Iglesia en esa época de la vida de Narcisa. La nueva beata produjo una corriente de devoción y entusiasmo en el pueblo ecuatoriano. El P. Jacinto Morán, pariente de Narcisa por la rama materna y primer biógrafo de la santa, había publicado en Madrid, en 1724, la biografía de *La azucena de Quito*, que era una de las lecturas preferidas en la familia Martillo Morán. Numerosos testigos del proceso de canonización reconocieron a Narcisa como "imitadora de Mariana de Jesús a las orillas del Daule". Se puede decir que santa Mariana de Jesús Paredes fue su maestra de vida espiritual, pues en la hacienda, alejada de cualquier centro urbano, era difícil contar con un guía espiritual.

De Nobol a Guayaquil. A la muerte de su padre decidió abandonar la casa paterna. Tenía unos 19 años. Muchas familias guayaquileñas poseían haciendas en la zona de Nobol donde pasaban largas temporadas. Aprovechó la presencia de una dama para trasladarse a Guayaquil con sus 25,000 habitantes. Para una muchacha provinciana siempre existe el peligro de dejarse deslumbrar por las luces de la ciudad...; pero Narcisa llevaba un proyecto: vivir sencillamente con el fruto de su trabajo e intensificar su vida espiritual con el apoyo de los sacerdotes. La iglesia de Guayaquil contaba con hombres prominentes y talentosos, tanto en el clero secular como en el regular. Su permanencia en Guayaquil, salvo un breve período pasado en Cuenca, fue de dieciséis años.

La ciudad en aquella época estaba dividida en dos sectores: la Ciudad Vieja, que comprendía los barrios de La Concepción y La Merced, y la Ciudad Nueva con los barrios de El Sagrario y El Astillero. Narcisa vivía retirada en una habitación humilde donde se organizó para la oración, la penitencia y el trabajo. Cada mañana asistía a la catedral para oír misa y recibir tanto los sacramentos como dirección espiritual. Vivía con austeridad conventual en su habitación y, en su condición seglar, se entregaba a ejercicios de piedad, regulados discretamente por el director espiritual, sin descuidar su oficio de costurera de la Plaza Mayor. Habitó en varios domicilios buscando la cercanía de alguna iglesia. Estableció amistad con algunas personas piadosas como Mercedes Molina y Ayala, aristócrata dama de las familias más ricas e ilustres de la sociedad porteña beatificada en 1985 y Virginia Vergara Molina a quien, con aire profético, le predijo una vida difícil: "Cuando usted se haga religiosa –le dijo–, lleve el nombre de Mercedes de la Cruz porque tendrá que sufrir muchísimo" (efectivamente, fue religiosa carmelita y soportó enfermedades por cuarenta y seis años).

El establecimiento de los jesuitas en la ciudad, en 1862, la atrajo a iniciarse en la ascética ignaciana: en esta época se hizo llamar Narcisa de Jesús, como signo de total pertenencia a Cristo. También conoció la devoción al Sagrado Corazón de Jesús, se hizo Hija de María y adoptó el vestido negro de la beata quiteña Mariana de Jesús, que consistía en una amplia bata negra ceñida a la cintura y un gran manto que cubría la cabeza y el cuerpo hasta la cadera. Residía entonces en la conocida "Casa de las Beatas" pues, a falta de conventos en la ciudad, cuatro mujeres –entre ellas Narcisa y Mercedes Molina– formaron una pequeña comunidad seglar de oración y penitencia. Con el fruto de su trabajo atendía diariamente a cinco pobres, visitaba a los enfermos y confeccionaba algunas ropas para los necesitados. A finales de 1867, encontró un nuevo hogar en la Casa de las Recogidas, un orfelinato de niñas dirigido por Mercedes Molina y donde Narcisa colaboraba en la educación de las internas.

En 1868 dejó su patria para integrarse a una comunidad de terciarias franciscanas en Lima. Antes pasó por Nobol y se despidió de su familia, especialmente de su hermana Tránsito, cuyos hijos trabajaban la hacienda y, aunque no comprendían la razón del viaje, respetaron la decisión de "la tía beata", como cariñosamente la llamaban. Compartió su proyecto con las amistades guayaquileñas y las entusiasmó. Con mínimo equipaje, se embarcó en el puerto de Guayaquil, en un vapor que atracó en el puerto de El Callao, después de tres días de navegación. De pronto apareció ante su mirada la ciudad de Lima: sobresalían numerosas torres y cúpulas de iglesias. El Beaterío y la iglesia del Patrocinio se encontraban en el barrio de San Lázaro, lleno de recuerdos de la presencia de san Juan Macías. El beaterío se había edificado en el mismo sitio en que Fr. Juan Macías criaba marranos y ovejas, y tenía su cabaña de pastor y ermitaño, antes de vestir el hábito dominico. Entonces el nivel de vida de la ciudad era muy alto y se veía en la bella apariencia urbana, la actividad comercial y la elegancia de los personajes que transitaban por sus calles.

En el beaterío, la comunidad estaba formada por nueve religiosas, contando a la priora y a algunas seglares "recogidas". Narcisa sería una más de las seglares, sin compromiso monacal, viviendo de caridad. Sabemos que, sin exigirlo el reglamento, ella asistía a todos los actos de comunidad. En aquel convento encontró la anhelada paz espiritual y se entregó a Dios con diez votos que hizo de manera privada, pues permaneció en estado seglar. Por encima de muchos dones místicos, recibió uno que describió con la imagen de Cristo dándole a besar su corazón: "Jamás he concedido gracia igual a ningún alma", le dijo el Señor. Una testigo de la época, sor Juana Paz, afirmó que sus devociones principales eran al Santísimo Sacramento, al Corazón de Jesús y al Santísimo Rosario[34]. Y el P. Medina, su último director espiritual en Lima, declaró que Narcisa "se propuso imitar a Mariana de Jesús, Azucena de Quito, y la favoreció tanto el Señor, para lograr su propósito, que basta leer la vida de Mariana para conocer las virtudes de Narcisa"[35].

Sabemos que comía poco: algo más que una taza de café y un pedazo de queso. Aun así, siempre gozó de buena salud y su robusto físico disimulaba las vigilias, ayunos y mortificaciones. Su muerte, a los treinta y siete años de edad, tuvo su origen en una experiencia mística en la que pidió a Cristo y a la Virgen que le concedieran salir pronto de este mundo para gozarlos en la eternidad. Antes de su fallecimiento, padeció algunas fiebres que los médicos no lograron curar. Narcisa predijo su próxima muerte a la comunidad: "El día de la Concepción voy a comulgar con un vestido blanco como el que lleva la Virgen". El 8 de diciembre de 1869 se vistió de blanco y recibió la Comunión. Por la tarde, como bromeando, se despidió de las compañeras diciendo que haría un viaje largo. De noche, una compañera avisó a la superiora que la habitación de Narcisa estaba misteriosamente iluminada y que de ella salía aroma de perfume. La superiora constató que Narcisa había fallecido, vio la claridad y notó la fragancia.

El sepelio se retrasó porque el cuerpo de Narcisa se parecía al de una persona que estaba durmiendo y tuvieron que intervenir las autoridades civiles con equipos de peritos para corroborar que se trataba de una persona muerta, pues las dudas preocupaban a las autoridades sanitarias. En esas circunstancias tuvieron lugar varios milagros por su intercesión que, además de la fragancia del cuerpo que sorprendentemente no se corrompía y conservaba su flexibilidad, llamaron poderosamente la atención de la ciudadanía limeña. La gente comenzó a desfilar ante el cadáver de Narcisa. Finalmente se procedió al entierro definitivo el 12 de diciembre.

La noticia del fallecimiento de Narcisa llegó a Guayaquil pocos días después y a los dos meses apareció una breve biografía en dos capítulos titulada *Rasgos biográficos de la sierva de Dios Narcisa de Jesús Martillo*, escrita por Ángel Tola. Sin que se perdiera totalmente su memoria, la canonización de Narcisa fue impulsada por las investigaciones realizadas para la biografía de la madre Mercedes Molina, publicadas en 1926, y para la *Crónica del Guayaquil Antiguo*, aparecida en 1930. Con motivo del Año Santo, proclamado en 1951 en Ecuador por la canonización de santa Mariana de Jesús, el obispo de Guayaquil, José Félix Heredia, realizó una nueva investigación de las mujeres que se habían santificado a la sombra de la santa, entre ellas Narcisa de Jesús llamada "hija humilde del pueblo" y "que gozó de singulares carismas del cielo". Finalmente, en

1955, se procedió a repatriar su cuerpo que, descansó primero en Guayaquil y luego en Nobol, en el Santuario Nacional a ella dedicada en la ribera del río Daule.

Se requirió la comprobación de dos milagros realizados por su intercesión, uno para la beatificación y otro para la canonización. El milagro para la beatificación, efectuada por Juan Pablo II en 1992, fue la curación de Juan Bautista Pesantes Peñaranda, un joven de 22 años, residente en la Provincia de El Oro, que se encontraba al borde de la muerte a consecuencia de un tumor en la frente. El milagro de la canonización, realizada por Benedicto XVI en 2008, consistió en la curación de Edermina Arellano con la aparición de sus órganos sexuales femeninos, de los que carecía desde su nacimiento.

Narcisa de Jesús Martillo Morán es presentada hoy por la Iglesia como un modelo de virtud, especialmente para tantas mujeres de América Latina que, como ella, tienen que emigrar del campo a la ciudad en busca de trabajo y sustento, y desde el santuario de Nobol donde descansan sus restos, sigue obrando favores en las almas y los cuerpos de quienes piden su intercesión.

ORACIÓN A SANTA NARCISA DE JESÚS

Oh Dios, Padre de misericordia,
que inspiraste a santa Narcisa de Jesús
la vocación victimal a favor de tu pueblo,
concédenos que, siguiendo su ejemplo
y por sus méritos e intercesión,
te adoremos con el sacrificio de alabanza
y amemos al prójimo con una caridad sincera.
Por Cristo, nuestro Señor. Amén.

SAN ALBERTO HURTADO CRUCHAGA
(1901-1952)
Apóstol chileno del siglo XX

"Apóstol" es la palabra que mejor define a san Alberto Hurtado. Nació el 22 de enero de 1901 en Viña del Mar (Chile). Tenía cuatro años de edad cuando murió su padre, propietario del fundo o hacienda "Los Perales de Tapihue", que su viuda esposa se vio obligada a vender en condiciones desfavorables para pagar deudas y educar a sus dos hijos con los que se trasladó a Santiago. Ana Cruchaga, su madre, fue una mujer ejemplar: a pesar de vivir en casa ajena y tener solo lo indispensable para una vida digna con sus hijos, se preocupó siempre de trabajar por los desposeídos aunque solo fuera aseando sus casas, cuidando a los niños o atendiendo enfermos, lo cual constituyó una verdadera escuela de aprendizaje para Alberto niño. Ella le enseñó que "está bien tener las manos juntas para orar, pero que es mejor abrirlas para dar".

Gracias a una beca conseguida en razón del prestigio social de la familia, realizó su educación básica y media en el Colegio de San Ignacio, de prestigio indiscutible y disciplina exigente. Esto chocaba con el temperamento espontáneo y alegre de Alberto. En el colegio encontró al sacerdote jesuita Fernando Vives Solar, uno de los iniciadores de la Acción Obrera Chilena en los albores del siglo XX y a quien Alberto atribuyó su vocación al sacerdocio. Concluido el bachillerato, a los dieciséis años de edad, pensó ingresar al noviciado jesuita, pero debió esperar para ayudar a su madre viuda y a su hermano menor. Se inscribió a la carrera de derecho en la Universidad Católica, trabajó como profesor para apoyar a la familia, fue miembro de la congregación mariana y se interesó por los pobres, dedicando algunas horas semanales a ayudar en los barrios miserables como el Mapocho. Según una expresión de sus educadores, Alberto era un volcán en ebullición y la actividad social con sus compañeros universitarios le servía para encauzar sus inquietudes. Terminó la carrera con excelentes calificaciones y ganó un juicio mediante el cual recobró las propiedades que habían pertenecido a su familia. Solucionado en parte el problema económico de la familia, pudo seguir entonces su vocación sacerdotal.

Ingresó al noviciado de la Compañía de Jesús a los 22 años de edad. "La primera formación como religioso la recibió en Chillán, entre ejercicios espirituales y labores humildes. Posteriormente comenzó las humanidades en Argentina, para continuar con la Filosofía y la Teología en Sarriá, Barcelona. La tensa situación social española de 1931, con la caída de la monarquía y la instauración de la República, obligó a los jesuitas extranjeros a abandonar el país. Alberto partió a Irlanda, para mejorar su inglés y después de un par de meses, continuó sus estudios de Teología en la Universidad de Lovaina, una de las más prestigiosas de la época"[36]. Fue ordenado sacerdote en Bélgica, con 32 años de edad; en su recordatorio sacerdotal escribió: "Recuerdo del día en que Jesús me ha ungido sacerdote para distribuir su Cuerpo, su Palabra y su Perdón". Regresó a Chile en 1936. El país que encontró era muy distinto del que había dejado once años atrás. Durante su ausencia, se había aprobado la instauración de un régimen político presidencial que se puso en práctica después de un periodo de mucha inestabilidad"[37].

La educación de la juventud llenó el primer período de su ministerio sacerdotal, realizando una intensísima labor cultural, espiritual y social: "me tienen casi absorbido los estudiantes", confesó a un amigo. Graduado en Lovaina con título de doctor en Pedagogía y Psicología, fue profesor en el Colegio San Ignacio, en la Universidad Católica y en el Seminario de Santiago, donde desempeñó una amplia labor sacerdotal mediante la enseñanza, el apostolado sacramental y la predicación de ejercicios, retiros y conferencias. "Para enseñar —decía— basta con saber algo, para educar, es menester ser algo". En este tiempo publicó varios artículos y obras de Pedagogía, entre las que destacó "¿Es Chile un país católico?" y que provocó una fuerte polémica eclesial.

Su trabajo entre la juventud produjo un fuerte impacto, superando las aulas y motivó que fuera nombrado Director Nacional de la Juventud de la Acción Católica entre los años 1942 y 1944. En esos años incrementó sus filas esta organización, pasando de 4,000 a 12,000 miembros distribuidos en más de 600 centros; la finalidad de su actividad era promover el apostolado laical en colaboración con la jerarquía católica; entre los miembros de la Acción Católica había jóvenes de colegios católicos y liceos oficiales; universitarios, oficinistas, empleados y profesionistas; recorrió la geografía chilena para atender los más alejados puntos del país viajando en trenes de segunda y tercera.

Introducía a los jóvenes en los grandes principios de la santidad: pecado, fin del hombre, camino de santificación y Jesucristo, con lo cual impulsó el apostolado laical entre la juventud y promovió las vocaciones al sacerdocio. Predicaba insistentemente el tema de sufrir con alegría, siendo notorio su ejemplo y esta expresión suya tan personal: "Contento, Señor, contento", que repetía en los momentos de dificultad. Tenía una fuerte convicción de que Dios era el Señor de la vida, por lo que siempre hablaba del "Patrón" refiriéndose a Él.

Valen la pena estas palabras registradas en su predicación a la juventud: "El cristianismo solo puede imponerse en el mundo por el testimonio siempre presente de Cristo: por el Cristo siempre vivo, un Cristo del siglo XX, sustancialmente el mismo del siglo I, que a pesar de sus deficiencias humanas, debilidades, incluso pecados nuestros, muestre ante el mundo de hoy los rasgos sustanciales de Jesús, sobre todo su inmensa caridad y amor... Si esa imagen no llega a ser reconocida, la gente se irá alejando insensiblemente de Él".[38] El sacerdote José Correa ofreció este testimonio: "Cuando comencé mi formación sacerdotal, le pregunté al P. Hurtado en qué área de estudio me recomendaba especializarme, él me respondió: 'Especialízate en Jesucristo'"[39].

En los años siguientes, a partir del año 1944 especialmente, desarrolló una amplia labor social. En una conversación con el Superior General de los jesuitas, P. Janssens, declaró que sentía "inclinación muy fuerte hacia la acción social desde que era universitario y que eso había sido algo que lo guio en la vocación"[40].

Veamos ahora los orígenes del "Hogar de Cristo", su obra social más conocida. Mientras daba un retiro espiritual, hizo un llamado a la conciencia de sus oyentes sobre la necesidad que pasaban los pobres, especialmente los indigentes que vivían en las calles. Según un testigo[41], ocurrió así: "…en la meditación del Evangelio, de repente el Padre tuvo una ausencia total. Desligándose de la meditación, contó que el día anterior, al salir de la última meditación de este mismo retiro, se encontró en la puerta del Colegio con un hombre tiritando de frío, que le pidió unas monedas para poder pasar la noche". Luego añadió: "Nuestra Santa Madre Iglesia tiene aquí en Chile tantas obras meritorias, como escuelas, hospitales, etc., pero para el más indigente, para el que no tiene donde dormir, no tiene nada".

Después de consultar al obispo, lanzó a nivel nacional la idea del Hogar de Cristo a través de *El Mercurio*, el diario nacional más importante. Desde ese momento, la generosidad de muchos hizo posible que se colocara la primera piedra del proyecto. Mientras se concluía la construcción del primer edificio, se abrieron pabellones donde el Hogar de Cristo acogió a veinte mil indigentes; también se adquirió una casa para recibir a niños y otro local para mujeres. En 1946 inauguró el primer edificio del Hogar, que contó con una escuela-granja y que confió a la dirección de los Siervos de la Caridad, conocidos popularmente como de Don Guanella. Las estadísticas revelaron la magnitud del problema: ¡en la capital había unos cuatro mil niños vagos! El P. salía a buscar a los niños desamparados que pasaban la noche bajo los puentes del río o en los portales de los edificios céntricos.

En los estatutos –que desarrollan toda una pedagogía

evangélica de sanación y transformación del indigente, especialmente de los niños– dejó claro que el Hogar de Cristo es "una obra de simple caridad y Evangelio" y que "trabaja por crear un clima de verdadero amor y respeto al pobre, porque el pobre es Cristo". Todavía a estas obras para indigentes hay que sumar la de "Viviendas Hogar de Cristo", que hacía frente al problema habitacional. Todo esto lo llevaba a cabo bajo el lema de servir y respetar al pobre porque en él está Cristo. Finalmente, el P. Hurtado instituyó la Fraternidad del Hogar de Cristo con seglares comprometidos por votos privados de pobreza, castidad y obediencia que se ponían al servicio de los pobres.

Otra obra social fue la Acción Sindical Chilena (ASICH), para formar líderes comprometidos con los derechos de los obreros y con la construcción de una sociedad más justa. En esa época se estimaba que tres pesos era el mínimo para alimentar suficientemente a una persona; había entonces en Chile 828.000 obreros (57% de la población trabajadora) que no ganaban los diez pesos diarios y 476.000 campesinos con salarios inferiores a cinco pesos al día[42]. Sobre este realidad escribió tres importantes libros: *El Humanismo Social, El Orden Social Cristiano en los Documentos de la Jerarquía Católica* y –otra de sus obras principales– *Sindicalismo*, publicado en el año 1950. No faltó que por sus ideas sociales se le acusara de sostener posturas contrarias a las enseñanzas del Magisterio eclesiástico… "Su corazón de apóstol –dice el periodista Octavio Marfán– no estaba tranquilo viendo que los trabajadores de su país vivían en condiciones indignas de un ser humano, y que no sabían cómo hacer frente a su situación de una manera inspirada por el Evangelio. Por eso, se propuso echar adelante un trabajo promocional de los obreros a cargo de un grupo de laicos, del cual él fue asesor"[43]. Esto acontecía en el año 1947. El P. Hurtado se convirtió en una promesa de esperanza para el mundo obrero de la época y los obreros lo consideraban la salvaguarda de sus derechos y de su futuro, y su mensaje permanece vivo hasta el día de hoy.

En 1952 sufrió un infarto a consecuencia de su actividad apostólica tan intensa. Pensando que era el fin, solicitó la Unción de los Enfermos y, ante los presentes, expresó su fe y su entrega feliz al Señor. Posteriormente le diagnosticaron cáncer de páncreas y le dieron un mes de vida. Al enterarse de que su enfermedad era irreversible, solicitó que las puertas de su habitación en el hospital permanecieran abiertas a todos y muchas personas de todas las condiciones sociales pudieron visitarlo. Acudían para recibir un consejo, para confesarse o para orar. Entre estas personas que lo visitaron, estuvo la esposa del Presidente de la República que no profesaba la fe católica y muchos amigos que, llenos de recuerdos, deseaban despedirse.

"Estoy como un viajero en el andén de la estación con las maletas listas —decía—, esperando que pase el tren en el que viene a buscarme el Patroncito; ayúdenme a rezar para que me encuentre preparado". Se sentía contento y agradecido con Dios porque, en lugar de una muerte violenta, podía prepararse para el encuentro definitivo con Él. Todavía unas horas antes de su muerte dijo: "Pronto se descorrerá el velo y podré ver al Patrón y a la Patroncita". Después de recibir la Comunión por última vez, expiró el 18 de agosto de 1952. Mucha gente asistió a su funeral: doce manzanas de personas de todas las edades y condiciones sociales, que sentían haber perdido a un padre. Las cámaras legislativas de la nación honraron su memoria. Al iniciarse la procesión para trasladar sus restos, se apreció claramente una cruz formada por nubes en un cielo relativamente despejado.

Fue beatificado por Juan Pablo II el 16 de octubre de 1994 y canonizado por Benedicto XVI el 23 de octubre de 2005. El día de su canonización no faltaron titulares como estos: "Un nuevo santo para Chile" y "Primer sacerdote chileno santo".

Entre sus escritos de 1918 se encuentran estas palabras: "Es necesario que yo siga a Jesús de cerca, muy de cerca; que yo ponga como fundamento los medios más seguros para no perderlo. Yo creo que en la Compañía de Jesús encuentro estos medios". Luego prosiguió a manera de invocación: "Señor, yo quiero ser un jesuita tuyo, y para prepararme quiero ser santo, quiero imprimir tu imagen en mi alma y hacerla real en mi vida. ¡Ayúdame, oh buen Jesús! Señor, yo soy débil y malo, pero tú eres muy paciente y bueno. Concédeme la gracia de serlo". En ese entonces ¡tenía diecisiete años de edad! y estaba decidiendo su vocación.

ORACIÓN A SAN ALBERTO HURTADO

Dios y Padre nuestro,
que en el sacerdote san Alberto Hurtado
nos diste un signo admirable de tu amor,
concédenos, por su intercesión,
perseverar unidos en el Evangelio,
acompañando con el amor de Cristo a nuestros
  hermanos,
especialmente los abandonados y los pobres,
y promover así el Reino de justicia, de amor y de paz.
Por Cristo, nuestro Señor. Amén.

BEATA LAURA DEL CARMEN VICUÑA
(1891-1904)
Se ofreció por la salvación de su mamá

El problema para la beatificación de la niña chileno-argentina Laura Vicuña fue la corta edad: ¿Cómo una niña de casi trece años pudo llegar a la santidad siendo que para ello se exige vivir las virtudes cristianas de modo perfecto, en grado heroico y perseverar en ellas? Era el gran interrogante, pues la Iglesia había reconocido la santidad de niños y adolescentes mártires, que con el acto heroico y único del martirio sellaron su santidad.

La canonización de Domingo Savio, con casi quince años de edad, alentó la decisión de abrir el proceso de Laura en 1955. En el año 1981, después de una atenta discusión y con aportaciones de profesionales en diversos ramos de la educación, la Congregación para las Causas de los Santos concluyó que un preadolescente –desde el uso de razón hasta la edad de la pubertad– puede vivir heroicamente las virtudes cristianas y que un niño es capaz de comprender y desear el bien antes de entenderlo racionalmente.

Laura nació el 5 de abril de 1891 en Santiago de Chile. Era hija de José Domingo Vicuña, oficial del ejército casado con Mercedes Pino en un matrimonio no aceptado por la familia Vicuña, porque Mercedes no era de su condición social. José Domingo era severo, correcto y buen cristiano. Mercedes era de familia humilde y voluntariosa. En ese tiempo Chile pasaba por una situación de conflictos políticos y los Vicuña apoyaban al presidente-dictador. Cuando los revolucionarios tomaron el poder derrotando al dictador José Manuel Balmaceda, José Domingo, joven militar abatido en su honor, emigró con su familia a Temuco (sur de Chile), lugar de avanzadilla militar. Allí falleció dejando dos huérfanas: Laura, de ocho años de edad y Julia Amanda, de tres. Doña Mercedes con sus dos hijas pequeñas permaneció en Temuco sosteniéndose con el oficio de costurera y estableciendo un pequeño negocio. Hacia fines de 1898 o principios de 1899, después de que el negocio fuera robado por unos ladrones, emigró a Argentina. Pasó por Las

Lajas y se estableció en Quilquihué, propiedad del hacendado Manuel Mora, hombre sin escrúpulos que acababa de salir de la cárcel y con quien vivió en unión libre pensando que se trataba de un hombre bueno.

El 21 de enero de 1900, Mercedes inscribió a sus dos hijas en el internado que las salesianas habían abierto en Junín. Junín de los Andes había sido fundado unos veinte años atrás, contaba con unos trescientos habitantes, muchos de origen chileno y distaba de la hacienda dieciséis kilómetros. Laura fue descrita así por las religiosas: "De nueve años (…), cara redonda, cutis blanco, rostro siempre rosado, ojos grandes hermosos y más bien oscuros, mirada inteligente e ingenua, modesta, sonrisa habitual, aun en los sufrimientos. Lloraba y reía al mismo tiempo, la pose de la cabeza un poco inclinada hacia la derecha". Fue hasta el año 2010 en que, tras minuciosa investigación fotográfica, se "descubrió" su verdadero rostro de simpática niña, hasta el momento representado con rasgos europeos de señorita, lo cual la hace más cercana a los pueblos latinoamericanos.

Aquel primer año en el colegio salesiano trascurrió tranquilo y muy feliz para Laura. Las alumnas llegaban a un total de treinta y tres: catorce internas y diecinueve externas. Se dice que eran niñas rudas que "empuñaban con más facilidad las riendas del caballo que la pluma o la aguja". Laura pertenecía al curso de niñas mayores. Al finalizar el año escolar, obtuvo notas sobresalientes en casi todas las materias. En el internado era confesor –y primer biógrafo de Laura– el P. Augusto Crestanello, quien intuyó la especial sensibilidad religiosa de Laura, la cual pronto se manifestó sedienta de Dios y con madurez superior a su edad. En ese primer año de internado, Laura quedó muy impresionada cuando, por las clases de Religión, se enteró de que la unión de su madre con Manuel Mora era pecado, aunque la consolaba la idea de un posible matrimonio de su mamá con Manuel Mora quien pagaba los gastos de su educación.

Cuando regresó de vacaciones a la hacienda tenia paseos a caballo, alimentación sana y esparcimiento, pero... "¿por qué mamá no reza?", se preguntaba y, además, ella y su hermanita debían esconderse de Mora para rezar. Ya no la abandonó el pensamiento de que su mamá podía estar viviendo lejos de Dios.

De regreso al colegio, en marzo de 1901, tienen lugar varios acontecimientos importantes en la vida de Laura, entre ellos, la Primera Comunión, que recibió el 2 de junio y que fue un evento que la impulsó decididamente a la santidad. Se preparó pidiendo perdón a las religiosas y a su mamá a quien dijo: "Mañana haré mi Primera Comunión, perdóneme todos los disgustos y molestias que hasta ahora les he causado, en adelante seré el consuelo de su corazón. Se lo pediré mucho a Jesús y también por usted". Ese día nos dice ella misma: "unida a Jesús, le hablé de todos y para todos invoqué gracias y favores" y formuló tres propósitos que se pueden resumir en "morir antes que pecar". Aquel día tan feliz y de tantas bendiciones de Dios quedó ensombrecido por la pena de que su mamá no la acompañó a comulgar. Ese invierno enfermó de los riñones, sufriendo humillaciones de parte de sus compañeras y baños fríos como curación. El 8 de diciembre recibió con gran satisfacción el escapulario azul y la medalla de la Virgen como Hija de María.

Cuando fue de vacaciones a la hacienda y llegaron las ferias después de la venta del ganado, Mora le hizo insinuaciones. De hecho, Mora la había enviado a educar con intención de hacerla suya más adelante. Laura sentía sobre ella sus miradas e invocó la ayuda de la Virgen. Al terminar la cena y empezar el baile, Mora la invitó a bailar. Todos oyeron la negativa. Encolerizado, la tomó del brazo y la empujó. Llamó a doña Mercedes para que la convenciera. Laura, sabiendo que no se trataba solo de un baile, dijo: "Mamá, no quiero bailar. Permíteme ser libre en esto. No quiero bailar. Perdóname que insista en negarme".

Desde ese día Mora la trató con desprecio, sin perder la esperanza de quebrantar su voluntad y manchar su inocencia. Un día se atrevió a sacar de la casa a doña Mercedes para quedarse solo con Laura. La escena fue brutal, pero Laura le resistió y logró escapar. Fue doña Mercedes quien contó el suceso con lágrimas en los ojos. Finalmente Mora se vengó negándose a pagar el colegio y la directora le ofreció a Laura una beca a cambio de pequeños servicios como ayudar a peinar y vestir a las compañeras más pequeñas. Cuando el obispo misionero salesiano Juan Cagliero visitó el internado en 1902, Laura le pidió ser admitida entre las postulantes salesianas. El obispo le respondió que era muy pequeña: apenas iba a cumplir once años. Sí recibió de manos de monseñor Cagliero el sacramento de la Confirmación. Cuando oyó un sermón acerca del Buen Pastor, no la abandonó la idea del lobo que tenía presa a su madre y se propuso rezar y sacrificarse por ella, invitando también a su hermanita sin explicarle el motivo. Pero para salvar un alma se requería algo más: ¡ofreció la vida por la salvación de su madre! y se lo confió a su confesor.

Al llegar las vacaciones, en enero y febrero de 1903, Laura no fue a la hacienda y permaneció con las religiosas. Paseos al aire libre, alimentación sana y serenidad la fortalecieron para entrar a los doce años de edad. Parecía ir bien de salud cuando, de pronto, convencida de que Dios había aceptado su ofrecimiento, la aquejó una terrible tos seca y profunda. Como el invierno había sido largo e intenso, su salud decayó a pesar de los cuidados de las superioras del colegio. "En balde —decía al médico— gasta usted sus remedios para sanarme. Me parece que esta es mi última enfermedad; yo no sanaré más". Al ver a su hija tan débil y enferma, doña Mercedes decidió trasladarla a la hacienda. Laura hubiera deseado permanecer en la casa de María Auxiliadora y la despedida –a mediados de septiembre– fue triste. Doña Mercedes la rodeó de cariño y Mora no se atrevía a acercársele, pero la vida se le seguía yendo. Por fin doña Mercedes logró que Mora le permitiera trasladarse a Junín, donde consiguió una casa de paja y barro, cerca del internado con el beneplácito de Laura que podía visitar el colegio salesiano.

Un día el hombre de la hacienda regresó por Mercedes. Las palabras entre ellos se hicieron violentas. Laura reunió las pocas fuerzas que le dejaba la fiebre y fue a la puerta para impedir que entrara a la casa. Mora se lanzó contra ella y doña Mercedes salió en su defensa. Los vecinos comenzaron a acercarse. Mora montó el caballo y se fue a galope... Laura recibió muchas visitas: todo mundo quería verla y hablarle. Con dificultad fue a visitar por última vez a Jesús Sacramentado. Su sufrimiento se hizo intensísimo y sabía que iba a morir. Las salesianas la visitaron y le dijeron que sus compañeras rezaban por ella.

El 22 de enero de 1904 sintió que llegaba su fin y recibió la Comunión como viático y la Unción de los Enfermos. Luego doña Mercedes se acercó y le dijo: "Hija, ¿me vas a dejar? Sí mamá –le respondió Laura– hace dos años que le ofrecí mi vida a Jesús para obtener la gracia de tu conversión. ¿Antes de morir no tendré el gozo de verte arrepentida?". Después de que su madre le prometió que llevaría una vida santa, el rostro de Laura se tornó sereno y alegre. Ya nada la retenía en este mundo. Falleció junto a su mamá, cuando le faltaban dos meses para cumplir los trece años.

En el entierro, el pueblo de Junín estuvo presente y sus compañeras de clase cargaron el féretro. Doña Mercedes se confesó y en la Misa recibió la Comunión después de muchos años. Mora esperaba que doña Mercedes regresara a vivir con él. Ella se negó. Había mucha gente en el entierro y no se atrevió a hacer uso de la fuerza; pero más tarde volvió e intentó convencerla. La amenazó y trató de forzarla; pero con ayuda de personas amigas, Doña Mercedes huyó de Junín. Mora la siguió, pero no la encontró y pasado algún tiempo regresó dedicándose a la costura. Más tarde se casó y vivió cristianamente hasta su muerte. Manuel Mora murió trágicamente asesinado en una pelea.

Los restos de Laura yacen en la capilla del Colegio de las Hijas de María Auxiliadora de Bahía Blanca (Argentina) y en su lápida se lee: "Aquí duerme en el Señor Laura Vicuña, flor eucarística de Junín de los Andes. Su vida fue un poema de pureza, de sacrificio y de amor filial". Juan Pablo II la proclamó beata el 3 de septiembre de 1988 en el Santuario Salesiano del Colle, en Asti (Italia), en las celebraciones del centenario de la muerte de san Juan Bosco. Se cumplió la profética exclamación del Papa San Pío X cuando permitió que los niños accedieran a la Comunión Eucarística: "¡Habrá santos entre los niños!".

El milagro que la llevó a ser beatificada fue la curación de la religiosa chilena Ofelia del Carmen Lobos Arellano, ocurrida el 22 de mayo de 1958, cuando tenía 25 años de edad. Desde niña su salud había sido muy precaria a consecuencia de frecuentes pulmonías. Providencialmente fue aceptada a pronunciar los votos religiosos en la congregación de las Hijas de María Inmaculada: "Si ha de morir, mejor que muera entre nosotras y no fuera", dijo la superiora.

Sin poder realizar ningún apostolado se sometió a varias operaciones que, a juicio de los médicos, no tenían como finalidad curarla, sino simplemente procurarle alivio. Desahuciada, la enviaron nuevamente al convento. Sin poder ingerir alimentos, ni caminar, esperaba el fin. En esas circunstancias le dijeron que acudiera a la intercesión de Laura Vicuña y le pidiera salud para desempeñar algún apostolado. En ese momento –dice la enferma– "empecé a pensar que a lo mejor Dios quería que yo pudiera realizar mi vocación como yo la sentía y pensando que Laura Vicuña había querido hacer lo que yo hacía y no lo pudo cumplir, en ese momento elegí la vida, la salud necesaria para poder trabajar y lo pedí por intercesión de Laura Vicuña".

Hecha la invocación, al momento sintió la mejoría. Se retiró el oxígeno y pudo dormir acostada. Despertó como si nunca hubiera estado enferma, dándose cuenta de lo que era respirar normalmente y bajar de la cama por el propio pie...

Para no alarmar a sus compañeras, regresó al lecho y les comunicó que se sentía bien y lo demostró arrastrando el tanque de oxígeno. Cuando declaró sobre el milagro ante la comisión oficial, era subdirectora del Liceo de Las Mercedes, encargada de la catequesis de la enseñanza media del liceo y directora del Movimiento Juvenil Salesiano de Puente Alto (Chile).

ORACIÓN A LA BEATA LAURA VICUÑA

Padre de inmensa ternura,
que en la adolescente Laura Vicuña
uniste de modo admirable la fortaleza de espíritu
y el candor de la inocencia,
concédenos, por su intercesión,
valentía para superar las dificultades de la vida
y dar testimonio ante el mundo
de las bienaventuranzas de los limpios de corazón.
Por Cristo, nuestro Señor. Amén.

(CONF. EPISCOPAL ARGENTINA; Misal Romano, Ed. Oficina del Libro, 2009).

BIBLIOGRAFÍA

ANÓNIMO; *Boletín de Pastoral, Revista Diocesana Mensual*, San Juan de los Lagos, abril 2007, # 297.

BARRAJÓN, PEDRO A.; *Monseñor Rafael Guízar Valencia, amigo de los pobres*, Ed. Diana, México 1995.

BOSCO, TERESIO; *Famiglia salesiana, Familia di Santi*; Ed. ELLEDICI, Leumann (Torino), 2005.

CASILLAS, JOSÉ ALBERTO; *Sendero de un Mártir, Biografía y Selección de Obras de Anacleto González Flores*; APC, Guadalajara, México.

ELIECER, G.; *Laura Vicuña. La Hija que ofreció la vida por salvar a la Madre*; Ed. Centro Don Bosco, Bogotá, Colombia

GALMÉS, LORENZO; *Fray Junípero Serra, Apóstol de California*, BAC, Madrid 1988.

– – *Testigos de la Fe en la Iglesia de España*; BAC popular, Madrid 1982.

GONZÁLEZ, FIDEL; *México, Tierra de Mártires, Historia de la persecución anticatólica en México*; Ed. San Pablo.

– – *Sangre y corazón de un pueblo I-II*; Ed. Arzobispado de Guadalajara, México 2008.

GRASSIANO, MA. DOMENICA; *Con María toda para todos como Don Bosco, Se llama María Romero Meneses de Nicaragua*, Ins. Hijas de María Auxiliadora, Roma 1987.

LAUREÁN CERVANTES, LUIS MANUEL; *Los Gallos de Picazo o los Derechos de Dios, Biografía de José Sánchez del Río*; Ed. Contenidos de Formación Integral, México.

LÓPEZ CAMARENA, JUAN ANTONIO; *Santos para el Tercer Milenio*; Ed. Contenidos de Formación Integral, México 2002, I-III.

MAGNET, ALEJANDRO; *El padre Hurtado*, Ed. Los Andes, Chile, 1994.

MARFÁN, OCTAVIO; *Alberto Hurtado, Cristo estaba en él*; Ed. Patris, Santiago (Chile) 1993.

MEYER, JEAN; *Anacleto González Florez*, IMDOSOC, México, D. F., 2ª. Ed., 2004.

MIGLIORANZA, FRAY CONTARDO; *Beata María del Tránsito Cabanillas, Testimonio vívido del mundo sobrenatural*; Ed. Hermanas Terciarias Franciscanas, Córdoba y Misiones Franciscanas Conventuales, Buenos Aires, Argentina.

MORA (DE LA), JUSTINO; *Apuntes biográficos del beato Mons. Rafael Guízar y Valencia, quinto obispo de Veracruz (México)*, Ed. Mons. Rafael Guízar y Valencia, Xalapa, Méx., 1994.

MIRANDA RIBADENEIRA, FRANCISCO; *Fray Junípero Serra, el hombre y su secreto*; Ed. Alba, Tlaquepaque, Jal. México 1988.

MUNARI, TIBERIO; *Derramaron su sangre por Cristo, Los trece nuevos beatos mártires Mexicanos*; Ed. Xaverianas, Guadalajara, Jal.

OROZCO, LUIS ALFONSO; El Martirio en México durante la Persecución Religiosa; Roma 2003, Ateneo Pontificio Regina Apostolorum.

PAZMIÑO GUZMÁN, ROBERTO; *Narcisa de Jesús, Una mujer de nuestro Pueblo*; Ed. Librería espiritual, Quito-Ecuador.

SÁENZ, ALFREDO; *Anacleto González Flores, Mártir de los Cristeros*; Gladius 1997, Buenos Aires.

NOTAS

[1] GORI, NICOLA, *L'Osservatore Romano* #31(2,222), 30 julio-5 agosto 2011, p. 6.

[2] *L'Osservatore Romano* #16(2.207), 17 de abril 2011, p. 11.

[3] JUAN PABLO II, Novo Millenio Ineunte, 7.

[4] *Boletín de Pastoral, Revista Diocesana Mensual*, San Juan de los Lagos, abril 2007, # 297 p. 31.

[5] Íbidem, p. 34.

[6] Op. Cit., p. 45.

[7] Íbidem, p. 51.

[8] *Summ., Dictamen de la comisión de historia*, p. 751.

[9] Íbidem, p. 53.

[10] OROZCO, LUIS ALFONSO, *El Martirio en México durante la Persecución Religiosa*, p. 108.

[11] GONZÁLEZ FERNANDEZ, FIDEL; *Sangre y corazón de un pueblo*, Vol. II, p. 1460.

[12] *Summarium*, Dictamen de la Comisión de Historia, 119.

[13] Los soldados, creyéndolo muerto, abandonaron en el cementerio el cuerpo de Lorenzo quien, pasado un rato, se reanimó y escapó al campo cristero donde fue apodado Lázaro. Él mismo en algún combate gritó: "¡Aquí está el ahorcado!".

[14] GONZÁLEZ FERNÁNDEZ, FIDEL; Op. cit., p. 1474.

[15] *Summarium*, Test. IV, 18, §46.

[16] DE LA MORA, JUSTINO; *Apuntes Biográficos*, Ed. Diocesanas, 1994, p. 94.

[17] Ídem, p. 99.

[18] Cfr. MIGLIORANZA, CONTARDO; *Beata María del Tránsito Cabanillas*, Ed. Hermanas Terciarias Misioneras Franciscanas, Argentina, 2002, p. 33.

[19] Íbidem, p. 36.

[20] Íbidem, p. 10.

[21] Íbidem, p. 55.

[22] Íbidem.

²³ Íbidem.
²⁴ GRASSIANO, MA. DOMENICA; *Con María toda para todos como Don Bosco, Se llama María Romero Meneses de Nicaragua*, Ins. Hijas de María Auxiliadora, Roma 1987, p. 96.
²⁵ Íbid., p. 160. Declaración de Ángela Valle.
²⁶ Íbid., p. 161. Declaración de Bienvenida Calvo Renes.
²⁷ Cfr. *Enseñanzas de Pablo VI*, alocución del 1 de mayo de 1969, Vol. VII, pp. 275-280. Ed. Vaticana.
²⁸ www.ejournal.unam.mx/ehn/ehn04/EHNOO406.PDF, p. 26.
²⁹ Imp. Don Felipe Zúñiga y Ontiveros, México, 1787, cap. X, p. 44.
³⁰ IRABURU, JOSÉ MARÍA; *Hechos de los apóstoles de América*, Fundación Gratis Date, Pamplona, 1999, p. 259.
³¹ PALOU, FRANCISCO; Op. cit., p 76.
³² Íbidem, p. 76.
³³ *Boletín de pastoral de la diócesis de San Juan de los Lagos*, #189, abril 1998, p. 12.
³⁴ Cfr. PAZMIÑO GUZMÁN, ROBERTO; *Narcisa de Jesús, una mujer de nuestro pueblo*, Ed. Librería Espiritual, Quito, Ecuador, 1992, p. 144.
³⁵ Ibidem, p. 151.
³⁶ FERNÁNDEZ EYZAGUIRRE, SAMUEL; en *Humanitas* #39, Año X, Pont. Univ. Católica de Chile, p. 467.
³⁷ CASTELLÓN COVARRUBIAS, JAIME; Op. Cit., p. 508.
³⁸ Citado en: MARFÁN, OCTAVIO; *Alberto Hurtado, Cristo estaba en él*; Ed. Patris, Santiago (Chile) 1993, p. 103.
³⁹ Citado en *Humanitas* #39, Año X, Pont. Univ. Católica de Chile, p. 448.
⁴⁰ MIFSUD, ANTHONY, *Sant'Alberto Hurtado*, en La Civiltà Cattolica, 2006 I, p.46.
⁴¹ MARFÁN, OCTAVIO, Op. Cit., p. 120.
⁴² Cfr. Op. Cit. p. 119.
⁴³ Op. Cit., p. 148.